AF391419

DISSERTATION

SUR

LES BIBLIOTHEQUES

Avec une Table Alphabétique, tant des Ouvrages publiés fous le titre de *Bibliothéques*, que des Catalogues imprimés de plufieurs Cabinets de France & des Pays étrangers.

A PARIS,

Chez { HUG. CHAUBERT, Quai des Auguftins, à la Renommée.
HERISSANT, Imprimeur, rue Notre-Dame, à la Croix d'or.

M. DCC. LVIII.

Avec Approbation & Privilége du Roi.

DISSERTATION
SUR
LES BIBLIOTHEQUES.

Avec une Table Alphabétique tant des Ouvrages publiés sous letitre de Bibliotheque que des Catalogues imprimés de plusieurs Cabinets de France & des Pays étrangers.

ON appelle communément du nom de Bibliotheque les amas de plusieurs Livres & les lieux qui les contiennent : il est certain que dès qu'il y a eu des Livres, les hommes ont été assez curieux pour les conserver ; ainsi l'on peut assurer que les Bibliotheques sont aussi anciennes que les Livres. A l'égard des Livres Sacrés, il n'est pas douteux qu'ils n'aient été conservés dans le Temple & dans les Synagogues des Juifs : mais on ne peut pas donner le nom de Bibliotheqne à ces dépôts qui ne contenoient que des Livres nécessaires pour la Religion. Les premiers Chrétiens n'avoient point d'autre Bibliotheque que les Livres de l'Ancien & du

Nouveau Teſtament qu'ils conſervoient dans leurs Egliſes : on y joignit depuis les actes des Martyrs, mais pluſieurs Chrétiens s'étant adonnés aux Sçiences, ils ramaſſerent beaucoup de Livres ſacrés & profanes, & s'en ſervirent utilement pour la défenſe de la Religion.

La premiére Bibliotheque dont il eſt fait mention dans l'antiquité eſt celle de Ptolémée *Philadelphe*, compoſée par les ſoins de Démetrius Phaléreus qui devint dans la ſuite ſi nombreuſe & ſi célèbre.

Ptolémée Soter qui avoit cultivé les Belles-Lettres, fonda à Alexandrie une eſpèce d'Académie à laquelle on donna le nom de *Muſeon*, où une ſociété de Sçavans travailloient à des recherches de Philoſophie, & à perfectionner toutes les autres ſciences, à peu-près comme celles de Paris & de Londres ; & pour cet effet il leur donna une Bibliotheque qui s'augmenta prodigieuſement ſous ſes ſucceſſeurs. Son fils Philadelphe en mourant la laiſſa compoſée déja de plus de cent mille volumes, les Princes de cette race qui le ſuivirent l'augmenterent conſidérablement ; quelques Auteurs ont dit qu'elle étoit compoſée de ſept cent mille volumes.

Cette Bibliotheque a eu différentes révolutions. Dans la guerre qu'eut Jules Cefar avec ceux d'Aléxandrie, un incendie en confuma la moitié : mais cette perte fut bientôt réparée, & cette Bibliotheque fe trouva dans la fuite plus nombreufe qu'auparavant. Elle a fubfifté ainfi pendant un grand nombre de fiécles, fes tréfors étant ouverts aux Sçavans & aux Curieux jufqu'au feptiéme fiécle, qu'elle fut brûlée par les Sarazins, quand ils prirent la ville d'Aléxandrie l'an de grace 642.

Attalus Roi de Pergame & fes fucceffeurs formerent une Bibliotheque confidérable, & quoi qu'inférieure à celle des Ptolémées qui les avoient prévenus, celle-ci a furpaffé les divers recueils dont l'antiquité nous a confervé le fouvenir : en effet, Strabon reconnoit plufieurs Bibliotheques dans Pergame, & en cela il eft d'accord avec Plutarque qui dit pofitivement qu'Antoine fit préfent à Cléopatre de toutes celles qui rendoient cette ville une des plus illuftres de l'Afie ; cet Auteur ajoûte que les volumes dont étoit compofé ce dépôt, montoient au nombre de deux cent mille : mais il fait entendre en même temps que chaque volume en particulier ne contenoit qu'un feul & unique Traité.

—— *Vꝛ* Mem. de l'Académie des Inf.

criptions & Belles - Lettres , Tom. VII.
p. 237. par M. l'Abbé Sevin.

La première Bibliotheque dont il soit parlé dans Rome est celle d'*Asinius Pol-lio* , Consul & Orateur Romain sous l'Empire d'Auguste l'an 714. de Rome; il a écrit une histoire en 17. Livres comme Suidas l'a remarqué ; & il a laissé des Oraisons & des Tragédies comme Horace l'assure. Paul Emile fit venir à Rome la Bibliotheque de Persée Roi de Macedoine. Jule Cesar érigea une Bibliotheque digne de sa magnificence , & il en donna la garde à Varron dont les soins & les lumiéres contribuerent beaucoup à son augmentation. L'Empereur Auguste en érigea une autre sur le mont Palatin contre le Temple d'Apollon , dont Horace , Juvenal & Perse font mention. Vespasien en fonda une dans le Temple de la Paix à l'imitation d'Auguste & de Cesar.

Zonare rapporte que l'Empereur Constantin établit à Constantinople l'an 336. de Jesus-Christ une Bibliotheque qui fut augmentée par Théodose le jeune jusqu'au nombre de cent mille volumes ; mais il en périt une partie par l'incendie arrivé sous Léon III. dit l'Isorien mort le 18. Juin de l'an 741. de l'Ere commune , après un regne de 24. ans.

L'invafion des Barbares fut fatale aux Bibliotheques de l'Empire , elles furent enfuite retablies par Theodoric en Italie, & par Charlemagne en France. Les Turcs détruifirent toutes celles de l'Orient, mais le Grecs qui fe fauverent en Orient y apporterent une partie des manufcrits.

Les principales Bibliotheques de l'Europe font à préfent celle du Vatican , commencée par le Pape Nicolas V. élu l'an 1447. & mort en 1455.) elle fut augmentée par Sixte IV. en 1472. & diffipée au fac de Rome par l'armée du Connétable Charles de Bourbon qui y fut tué l'an 1527. Le Pape Sixte V. qui étoit fort zélé pour les fciences , & qui lui-même étoit très-fçavant , non-feulement la rétablit en fon entier, mais auffi l'augmenta de beaucoup de livres imprimés & d'excellens manufcrits.

——— *Vz.* L'hiftoire de l'Académie des Belles-Lettres , tom. 11. p. 102.

Le Comte de Tilly Commandant des troupes Impériales , ayant pris Heidelberg en 1622. tranfporta à Rome la Bibliotheque Palatine formée & enrichie de toutes celles des Monafteres que les Lutheriens avoient détruits : ce fupplément

avec ce qui étoit resté des anciens Livres, a rendu la Bibliotheque Vaticanne
l'une des plus considérables de toute l'Europe.

Celle du Roi de France ne lui cede
point, tant pour les manuscrits que pour
les Livres imprimés, elle étoit très-peu
de chose en son commencement.

1364.   Le Roi Jean laissa à son fils Charles V. un ancien fonds de Bibliotheque
qui étoit peu nombreux ; mais ce sage
Prince qui avoit du goût pour les Lettres s'attacha fort à augmenter ce petit
trésor, de maniére qu'il forma un amas
d'environ 900. volumes, nombre assez
considérable dans un temps ou l'Imprimerie n'étoit point encore connue. Ces Livres étoient conservés dans trois cham-
bres l'une sur l'autre en une des tours du
Château du Louvre, qui fut nommé *la
Tour de la Librairie*. La premiére chambre contenoit 269. volumes, celle du mi-
lieu 260. & la troisiéme 380. ce qui fait
en total 909. volumes. L'on a encore
l'inventaire ou le catalogue de cette Bibliotheque dressé en 1373. par Gilles
1373.   Mallet qui en avoit la garde, & qui étoit
valet de chambre du Roi Cherles V.

Ce Catalogue est rapporté dans l'histoire de l'Académie des Inscriptions &

Belles-Lettres. Tom. 1. p. 310. & Tom. 2.
p. 747.

Après la mort de Gilles Mallet àr-
rivée en 1410. Charles VI. donna la 1410.
garde de sa Bibliotheque à Antoine des
Essars Garde des deniers de l'Epargne ;
puis après à Jean Maulin Clerc du Roi
en sa Chambre des Comptes, & à Garnier de saint You Echevin de la ville de
Paris par Lettres du 8. Mai 1412. Par 1412.
l'inventaire qui fut fait en 1411. des Livres de la Bibliotheque du Roi Charles VI. elle ne se trouva pas plus nombreuse qu'elle étoit 38. ans auparavant,
n'ayant été augmentée depuis l'inventaire
fait par Gilles Mallet qu'à proportion des
diminutions qu'elle avoit souffertes.

Peu de temps après la mort de Char- 1423.
les VI. il fut fait un nouvel inventaire
par trois Commissaires de la Chambre
des Comptes : on nomma aussi trois Libraires pour faire la prisée des Livres
dont le nombre n'étoit pas augmenté depuis le décès de Gilles Mallet, puisqu'il
ne s'en trouva que 853. Ils furent éva-
lués à la somme de *deux mille trois cent
vingt trois liv.* 4. *sols,* somme considérable dans ce temps-là, & qui reviendroit
aujourd'hu à plus de mille Louis de 24. liv.

Le 22. Juin 1425. les Anglois étant 1425.

pour lors maîtres de la ville de Paris, le
Duc de Betfort qui prenoit la qualité de
Régent du Royaume de France, ſe fit re-
préſenter ces mêmes Livres ; Garnier de
ſaint Yon lui en rendit bon compte, &
il continua de les avoir en ſa garde juſques au 15. Octobre 1429. qu'il en fut
pleinement déchargé par le même Duc
qui les acheta pour les envoyer en Angleterre.

1429.   Il eſt dit dans les Regiſtres de la
Chambre des Comptes que les Livres de
la Tour du Louvre furent achetés *douze
cent frans* par le Duc de Betfort, & que
cette ſomme fut comptée à Pierre Thury
entrepreneur du Mauſolée du Roi Charles VI. & de la Reine Iſabeau ſon épou-
ſe. Il y a beaucoup d'apparence que le
Duc de Betfort fit paſſer la mer à ces Livres; mais quelque ſoin qu'il prit de les
raſſembler tous pour les enlever, on
ne peut pas douter qu'il n'en ſoit reſté un
aſſez bon nombre entre les mains des
Princes & des particuliers auxquels ils
avoient été prêtés par les Bibliothecai-
res.

1449.   Dreux Budé Notaire & Secretaire du
Roi, & grand Audiencier de la Chancellerie de France en 1440. fut créé Garde
des Sceaux & titres du Roi Charles VIII.

l'an 1449. & Prevôt des Marchands de la ville de Paris le 19. Août 1452.

—— *V₂* Blanchard hist. des Maîtres des Requêtes p. 168.

Hist. de la Chancellerie par Teſſereau, t. 1. p. 47.

Robert Gaguin, Religieux de la Tri- 1463. nité, homme très-ſçavant en ſon temps, mérita par la grande connoiſſance qu'il avoit des Livres, la dignité de Bibliothecaire des Rois Louis XI. Charles VIII. & Louis XII. Il fut fait Général de ſon ordre, & fut employé en diverſes Ambaſſades en Italie, en Allemagne & en Angleterre. Les Sçavans de ſon temps avoient beaucoup d'eſtime pour lui, & quelques-uns d'entre eux lui dédierent leurs Ouvrages. Gaguin en a écrit pluſieurs dont Tritheme fait le dénombrement. Il mourut le 22. Juillet de l'an 1502. —— *V₂* Moreri. Memoires pour ſervir à l'hiſtoire des Hommes Illuſtres par le P. Niceron, tom. 43. p. 1.

La Garde de la Bibliotheque Royale 1472. qui étoit alors à Blois, fut confiée à Laurent Palmier, qu'on trouve employé en cette qualité dans les comptes de Jean Briçonnet Général des Finances de l'an 1472.

François I. le Pere & le Reſtaurateur 1515.

des Lettres , augmenta beaucoup fa Bibliotheque qui n'étoit compofée au commencement de fon regne que d'environ deux mille volumes ; elle fut confiée au docte Pierre Gilles , dit Gillius , que ce Prince envoya dans la Grèce & dans l'Afie pour y chercher des manufcrits qui n'avoient pas encore été imprimés.

Ce même Roi forma auffi une Bibliotheque à Fontainebleau , dont il donna la garde à Guillaume Budé, qui fans contredit paffa pour le plus fçavant homme de fon temps. Il fut pourvu d'une charge de Maître des Requêtes de l'Hôtel du Roi le 21. Août 1522. Il l'exerça dignement jufqu'au 22. Août 1540. qu'il mourut à Paris âgé de 73. ans.

———» *Vz* Hift. des Maîtres des Requêtes par Blanchard , pag. 250. ——— Hiftoire de l'Académie Royale des Infcriptions & Belles-Lettres , tom. 5. pag. 350.

La garde de cette importante Bibliotheque a toujours été confiée à des hommes d'un éminent fçavoir.

1540. Pierre du Chaftel de la ville de Langres, fuccéda à Budé en qualité de Bibliothecaire du Roi, il a été un des plus doctes & des plus illuftres Prélats qui aient vécu dans le feiziéme fiécle ; après avoir étudié à Dijon où il régenta à l'âge

de dix - huit ans, il voyagea en Allemagne, & s'arrêta à Bâle où il fut très-con-
fidéré d'Erafme qui le fit Correcteur de
l'Imprimerie de Froben. Depuis il étudia
à Bourges, & enfuite il alla en Italie &
dans la Grece où il acheva de fe faire
connoître. Il paffa auffi à Conftantinople
en 1535. où il fit connoiffance avec le fieur
de la Foreft qui étoit alors Ambaffadeur à
la Porte, * & qui le recommanda à François I. de même que le Cardinal Du Pe-
ron & quelques autres ; ce Prince le fit
fon Lecteur & fon Bibliothecaire en 1540.
& l'éleva bientôt aux premiéres dignités
de l'Eglife. Du Chaftel en étoit digne par
la probité de fes mœurs & par fa grande
érudition. Il fut Evêque de Tulles, puis
de Macon en 1544. enfuite grand Aumônier de France après la mort de Philippe
de Coffé, par Lettres du 25. Novembre 1548. & enfin Evêque d'Orleans en 1550. où il mourut d'apopléxie
en prêchant le 3. Février 1552. Sa vie a
été écrite en Latin par Pierre Gallant
Profeffeur au College Royal, & imprimée
à Paris en 1674. *in-8°.*

――*Vz* Moreri. ――Le P. Anfelme,
tom. 8. p. 266. D.

* *V.* Hift. des Ambaffadeurs à la Porte Ottomane. Mf. par M. de *N.* n. 1. 2e partie.

—— Gallia Chriſtiana edit. de 1656.
p. 258.

—— Bayle ſous le nom de Caſtellan, &c.

1552. Après la mort de Pierre Du Chaſtel, Pierre de Mondoré natif d'Orleans, Conſeiller au grand Conſeil, fut pourvu de la charge de Bibliothecaire du Roi Henri II. c'étoit un homme d'un grand mérite au rapport du Chancelier de l'Hôpital qui a fait ſon éloge dans ſes Poëſies.

Muſæ, veſter honos , & gentis gloria noſtræ
Conceſſit fatis patriæ Montaureus exul.

Puis il ajoûte faiſant alluſion à ſon nom :

. . . . . . , . . Totus fuit aureus intus ,
Aureus ingenio, doctrina, moribus aureis , &c.
Tantum illum talemque virum ſi Roma tu-
liſſet ,
Aureus in ſumma ſtaret Montaureus arce ,
Aureus inque Foro & Roſtris , tota aureus
urbe.

Sainte Marthe l'a auſſi placé parmi ceux des doctes François où il fait mention des Commentaires que Mondoré compoſa ſur le 17ᵉ Livre d'Euclide.

Il avoit amaſſé une nombreuſe Bibliotheque qui fut pillée à Orleans du temps du maſſacre des Huguenots. Il donna dans les opinions des Calviniſtes , & mourut l'an 1571. à Sancerre dans le Berry où il s'étoit retiré pour cause de la Religion nouvelle au commencement des secondes Guerres Civiles, vers l'an 1567.

Jacques Amyot, fils d'un Boucher de la ville de Melun, né le 30. Octobre 1514. mérita par sa science d'être Précepteur des Rois Charles IX. & Henri III. Charles IX. étant parvenu à la Couronne lui donna l'abbaye de saint Corneille de Compiegne, & le pourvut de la charge de grand Aumônier de France le 6. Décembre 1560. Il le fit son Bibliothecaire en 1567. & lui donna l'Evêché d'Auxerre en 1570. Henri III. le maintint en sa charge de grand Aumônier, & le fit Commandeur de l'Ordre du Saint-Esprit à la création de cet ordre au mois de Décembre 1578. avec cette prérogative pour les grands Aumôniers ses successeurs, d'être Commandeurs sans faire aucune preuve de noblesse suivant l'article X. des statuts de l'ordre. Le repos dont il jouissoit alors lui donnoit le temps de mettre la derniére main à ses Ouvrages & à ses traductions: mais s'étant jetté dans le parti de la Ligue en 1588. il fut privé de sa charge de grand Aumônier en 1591. & il se retira dans son Evêché où il mourut le 6. Février 1593. âgé de 79. ans.

1567.

—— *Vz* La vie de Jacques Amyot écrite par *Sebastien Rouillard* , hist. de Melun page 604.

—— Moreri —— Bayle.

—— Le P. Anselme, tom. 8. p. 283.

1593.   Jacques-Auguste de Thou , sçavant Historien & Président au Parlement de Paris , succéda à Amyot dans la charge de la Librairie & Garde de la Biblitheque du Roi. Il naquit à Paris le 9. Octobre 1553. & fut le troisiéme fils de Christophe de Thou premier Président du Parlement de Paris & de Jaqueline de Tulleu. Il étoit d'un tempéramment si délicat qu'on ne put lui faire commencer ses études qu'à l'âge de dix ans, & on le mit au College de Bourgogne. Cinq ans après sa sortie des classes , il fut entendre Denis Lambin & Jean Pellerin Professeurs en Langue Grecque au College Royal. Sur la fin de l'année 1570. il alla à Orleans étudier en Droit ; comme il étoit d'abord destiné pour l'état Ecclésiastique , Nicolas de Thou son oncle , Conseiller au Parlement & Chanoine de Notre-Dame ayant été fait Evêque de Chartres lui résigna son Canonicat. Il fut reçu Conseiller Clerc au Parlement de Paris le 13. Décembre 1578. Jean de Thou son frere aîné étant mort le 5. Août 1579.

& fon pere étant auffi décédé le 1. Novembre 1582. il quitta l'état Eccléfiaftique, & fe rendit à la follicitation de fes oncles qui vouloient qu'il fe mariât; s'étant défait de fes Benefices, il fut pourvu le 10. Avril 1584. d'une charge de Maître des Requêtes; il eut en 1586. la furvivance de la charge de Préfident à Mortier que poffédoit Augufte de Thou fon oncle, & fe maria l'année fuivante : il fut fait Confeiller d'Etat au mois d'Août 1588. Il accompagna en Allemagne M. de Schombert qui y étoit allé de la part du Roi Henri III. & il paffa enfuite à Venife où il apprit la funefte mort de ce Prince; cette nouvelle lui fit prendre la réfolution de revenir en France, où il fe rendit à Châteaudun auprès d'Henri IV. qui charmé de fon fçavoir & de fon intégrité l'admit dans fon Confeil, & l'employa à plufieurs négociations. Après la mort de Jacques Amyot, le Roi le nomma en 1593 *Grand Maître de fa Bibliotheque* & voulut qu'il fût l'un des Commiffaires Catholiques dans la célèbre conférence de Fontainebleau entre Jacques Davy du Perron alors Evêque d'Evreux, & Philippe Dupleffis Mornay. Pendant la Régence de la Reine Marie de Medicis, il fut un des Directeurs généraux des Finances avec

M. de Château-neuf, & le Préfident Jean-
nin ; il fut député à la conférence de
Loudun & employé dans d'autres affaires importantes , parmi tant d'emplois
dont il fut chargé , il trouva encore le
loifir de travailler en particulier à l'avan-
tage de la poftérité ; car il compofa en
Latin l'hiftoire de fon temps depuis l'an
1543. jufqu'à l'an 1607. en 138. Livres,
Ouvrage comparable à ceux des Anciens
par fon fujet & par la maniére dont il
eft traité. Il fut imprimé à Genève en
1620. en cinq volumes *in-fol.* Le fieur
Thomas Carte Anglois connu à Paris fous
le nom de Philips a fait imprimer cette
hiftoire à Londres en 1733. en 7. vol.
in-fol. c'eft fur cette édition que l'on en a
donné une excellente traduction Françoife
en 16. vol. *in*-4°. imprimés à Paris en
1734. quoique l'édition paroiffe faite à
Londres. M. de Thou a laiffé auffi des
Commentaires ou Mémoires fur fa vie
qui font dans l'édition de Genève. Il
mourut à Paris le 17. Mai 1617. dans
la 64ᵉ année de fon âge , & fut inhumé
dans fa Chapelle en l'Eglife de faint
André des Arcs où l'on voit fon maufolée que Jacques-Augufte de Thou fon
fils unique lui a fait ériger avec cette
épitaphe.

A & Ω

A & Ω

JACOBO AUGUSTO THUANO,

CHRISTOPHORI FILIO;
IN REGNI CONSILIIS ADCESSORI;
AMPLISSIMI SENATUS PRÆSIDI;
LITTERARUM,
QUÆ RES DIVINAS
ET HUMANAS AMPLECTUNTUR,
MAGNO BONORUM
ET ERUDITORUM CONSENSU,
PERITISSIMO;
VARIIS LEGATIONIBUS,
SUMMA SINCERITATE AC PRUDENTIA
FUNCTO;
VIRIS PRINCIPIBUS
ÆVO SUO LAUDATISSIMIS
EXIMIE CULTO
HISTORIARUM SCRIPTORI,
QUOD IPSÆ PASSIM LOQUUNTUR,
CELEBERRIMO;
CHRISTIANÆ PIETATIS ANTIQUÆ
· RETINENTISSIMO.

VIXIT ANNOS LXIII.
MENSES VI. DIES XXIX.
OBIIT LUTETIÆ PARISIORUM
NON. MAII 1617.
PARCISSIME CENSUISSE VIDETUR,
QUI TALI VIRO SÆCULUM
DEFUISSE DIXIT.

B

Il avoit époufé 1°. l'an 1547. Marie de Barbançon , iſſue d'une des plus anciennes & nobles familles du pays de Haynaut , elle étoit fille de François de Barbançon Seigneur de Cany , tué à la bataille de ſaint Denis , & d'Antoinette de Vaſiéres , & petite fille de Michel de Barbançon Lieutenant - Général au gouvernement de Picardie. Elle mourut ſans enfans le 5. Août 1601. dans la 33ᵉ année de ſon âge.

Il époufa en ſecondes nôces Gaſparde de la Châtre , fille de Gaſpard de la Châtre , Comte de Nancey , Capitaine des Gardes du Corps du Roi & de Gabriel de Batarnay , dont il eut :

1. François - Auguſte de Thou qui ſuit.

2. Achille - Auguſte de Thou , Conſeiller au Parlement de Bretagne , mort ſans avoir pris d'alliance le 6. Avril 1635.

3. Jacques - Auguſte de Thou Baron de Meſlay , Préſident de la premiére Chambre des Enquêtes du Parlement de Paris & Ambaſſadeur en Hollande , qui époufa 1°. Marie Picardet , fille de Hugues Picardet , Procureur-Général du Parlement de Bourgogne , & de Marie Le Prevôt

morte au mois de Février 1665.

Il époufa en fecondes nôces l'an 1686. Renée de la Marzeliére, morte fans enfans au mois de Juin 1691.

Du premier lit eft venu Louis - Augufte de Thou, tenu fur les fonds baptifmaux dans la Chapelle du Palais Royal par la Reine Anne d'Autriche Régente, & le Cardinal Mazarin le 9. Juillet 1646. il fut Abbé de Souillac. Et deux filles.

___ *Vz* Moreri. ___ Hiftoire des Préfidents du Parlement, par Blanchard p. 73. & 347.

___ Defcription de Paris par Piganiol de la Force, tom. 6. pag. 361. & fuivantes.

___ Epitaphes de Paris tom. 1. Mf.

___ Hommes - Illuftres, par Perrault, tom. 1.

___ Le Pere Niceron, Mémoires pour fervir à l'hiftoire des Hommes - Illuftres, tom. 9. p. 309. & 359.

La Bibliotheque du Roi qui étoit à Fontainebleau s'étoit reffentie des tumultes & des défordres de la Ligue, dont quelques Ligueurs avoient pillé une partie des Livres. Pour prévenir d'autres diffipations qu'on pouvoit craindre tandis que la Ligue fubfiftoit, Henri IV. fit tranf-

porter à Paris cette Bibliotheque , dont
aussi-bien à cause de l'éloignement la plûpart des Sçavans n'étoient pas à portée
de profiter. Ces Livres furent placés rue
saint Jacques au Collége de Clermont au
commencement de l'année 1595. lorsque
les Jésuites furent obligés d'abandonner
ce Collége & le Royaume ; mais cette
Compagnie ayant obtenu la permission de
revenir en France par édit donné à Rouen
au mois de Septembre 1603. regiftré au
Parlement de Paris le 2. Janvier suivant ,
la Bibliotheque du Roi fut tranfportée du
Collége de Clermont en la rue de la Har-
pe dans une grande maison appartenante
aux Cordeliers. Elle fut enfuite placée
dans l'enceinte du grand Couvent de ces
Peres.

En 1666. M. Colbert alors Controlleur - Général des finances & Surintendant
des bâtimens, la fit transférer dans la rue
Vivienne auprès de fon Hôtel , dans la vue
de la raprocher du Louvre , où le Roi
Louis le Grand avoit deffein de la placer
magnifiquement : mais elle refta dans la
rue Vivienne jufqu'à l'année 1721. que
le Roi Louis XV. ordonna par arrêt de
fon Conseil du 14. Septembre le tranf-
port de cette Bibliotheque à l'Hôtel de la

Banque rue de Richelieu , où elle eft au-jourd'hui avec cette infcription.

BIBLIOTHEQUE DU ROI.

Louis XIII. eut quelque envie de re-tablir à Fontainebleau une Bibliotheque Royale, mais ayant changé de fentiment, il fit feulement revivre le titre de garde de cette Bibliotheque en faveur d'Abel de fainte Marthe qui en fut pourvu dès l'année 1627. Abel fon fils l'eut après lui , & fit ce qu'il pût pour engager Louis XIV. à exécuter le deffein qu'avoit eu Louis XIII. mais ce fut inutilement. Il mourut en 1706. & la charge de Garde de la Bibliotheque de Fontainebleau de-meura vacante pendant quatorze ans, au bout defquels elle fut réunie à celle de Bibliothecaire du Roi, par édit du mois de Mars 1720. comme nous le dirons dans la fuite.

Après la mort de Jacques de Thou , François-Augufte de Thou fon fils aîné qui n'avoit que neuf ans hérita de la   1617. charge de Maître de la Librairie ; pen-dant la minorité du jeune Bibliothécaire, Nicolas Rigaut connu par divers Ouvra-ges qu'il a donnés au Public eut la direction de la Bibliotheque du Roi. Elle commença alors à prendre une nouvelle forme , & elle s'accrut infiniment dans la fuite par la recherche & les acquifitions que nos Rois ont faites de plufieurs Manufcrits & Livres imprimés tant à Paris que dans le Royaume & dans tous les pays du monde , avec des foins & des dépenfes extraordinaires.

François-Augufte de Thou , reçu Confeiller au Parlement de Paris le 8. Mars 1624. puis Maître des Requêtes le 25. Août 1631. & Confeiller du Roi en tous fes Confeils d'Etat & privé , avec la charge de Bibliothecaire du Roi , hérita auffi de la profonde érudition de fon pere, & la douceur de fes mœurs le fit aimer & rechercher de tous les Sçavans de fon temps qui admiroient fon efprit. Il eut la tête tranchée à Lyon le 12. Septembre 1642. pour n'avoir pas révélé le fecret d'une confpiration contre le Cardinal de Richelieu que lui avoit confié Henri d'Effiat Marquis de Cinq-Mars , il mourut fans alliance âgé de 35. ans. On admire fa préfence d'efprit & fa tranquillité dans l'Infcription qu'il écrivit de fa main une heure avant fa mort , pour être mife en une Chapelle qu'il avoit fondée aux Cordeliers de Tarafcon , pour s'acquitter d'un vœu qu'il

avoir fait étant en cette ville au commencement de fa prifon.

CHRISTO LIBERATORI,

Votum in carcere conceptum
Franciscus Augustus Thuanus
E carcere jamjam liberandus
Merito solvit 12. Sept. 1642.

*Confitebor tibi , Domine , quoniam
exaudifti me , & factus es mihi in falu-
tem.*
—— *Vz* Mémoires hiftoriques.
Le célébre Pierre Du Puy a fait des
Mémoires pour la juftification de M. de
Thou. On trouve dans ces Mémoires une
rélation de tout ce qui s'eft paffé au pro-
cès criminel fait à M. de Thou , & des
moyens qui ont été pris pour le condam-
ner à mort ; un détail des chefs d'accu-
fation avec les réponfes de Pierre Du Puy,
&c. Ces Mémoires , qui font une piéce
très-curieufe & bien raifonnée , font imprimés à la fin du quinziéme volume de
la traduction de l'Hiftoire de Jacques-Augufte de Thou, avec plufieurs piéces fer-
vant au même but. —— *Vz.* Moreri.
—— Hift. des Maîtres des Requêtes,
Mf. N° 12. & 228.

B iv

Pierre Du Puy Conseiller du Roi en ses Conseils, fils de Claude Du Puy Conseiller au Parlement, & de Claude Sanguin, fut aussi Garde de la Bibliotheque du Roi; il fut élevé avec un soin extrême par son pere, & il s'attacha si fortement à l'étude que par son assiduité au travail il devint sçavant en toutes sortes de Littérature, principalement en Droit & en Histoire. M. le Président de Thou qui étoit son allié, & le célébre Nicolas Rigault Directeur de la Bibliotheque du Roi dont nous venons de parler, étoient ses amis les plus intimes, & il fut très-uni avec les plus habiles gens de son temps. Il prit avec Jacques Du Puy son frere & Nicolas Rigault le soin des éditions de l'histoire de M. de Thou, des années 1620. & 1626. Il est aussi Auteur de plusieurs Ouvrages dont les principaux sont :

Traité touchant les droits du Roi sur plusieurs Etats & Seigneuries. — Preuves des libertés de l'Eglise Gallicane. -- Histoire de la condamnation de l'ordre des Templiers. -- Histoire générale du Schisme qui a été en l'Eglise depuis l'an 1378. jusqu'en l'année 1428. —— Différend entre le S. Siége & les Empereurs pour les investitures. —— Histoire du différend entre le Pape Boniface VIII. & le Roi Philippe Le Bel -- de la loi Salique. —— Histoire des Favoris. —— Histoire de la Pragmatique Sanction. —— Du Concordat de Bologne entre le Pape Léon X. & le Roi François I. —— Traité des appanages des enfans de France. —— De la confiscation pour crime de Leze-Majesté. —— Que le Domaine de la couronne est inaliénable. --- Si la prescription a droit entre les Princes & les Souverains. —— Traité des Régences & Majorité des Rois de France. —— Traité des contributions que les Ecclésiastiques doivent au Roi en cas de nécessité. —— Mémoires du droit d'Aubaine. —— Mémoires pour la justification de François-Auguste de Thou, dont nous avons ci-devant fait mention dans l'article précédent concernant M. de Thou, &c. Tous ces Ouvrages font parfaitement connoître la vaste érudition de M. Du Puy qui mourut à Paris le 14. Décembre 1652. âgé de 69. ans & un mois. Nicolas Rigault son ami écrivit sa vie, qui a été imprimée à Londres en 1681. dans un Recueil *in*-4° intitulé *Vitæ selectæ* : Henri de Vallois fit son Oraison funèbre

Jacques Du Puy Prieur de S. Sauveur,

frere de Pierre Du Puy l'aida dans tous ses Ouvrages & en publia le plus grand nombre; il fut aussi Garde de la Bibliotheque du Roi, & mourut le 17. Novembre 1656. Cette Bibliotheque a été considérablement augmentée par le don que ces deux freres lui firent par leurs testamens.

Mrs du Puy avoient aussi un frere aîné d'un rare mérite nommé Christophe, qui fut Aumônier du Roi Louis XIII. & suivit à Rome le Cardinal de Joyeuse, en qualité de son Protonotaire. Etant de retour en France il se rendit Chartreux à Bourg-Fontaine, & mourut fort âgé prieur de la Chartreuse de Rome, où il avoit fait faire tous les embellissemens dont ce lieu est susceptible. C'est lui qui a donné au Public le *Perroniana* pendant qu'il étoit Aumônier du Roi, & près du Cardinal Du Perron. Ce recueil a été imprimé à Genève en 1667. & à Rouen en 1669.

1642. Jérôme Bignon premier du nom dont le mérite & la famille sont si connus dans la République des Lettres, fut choisi par le Roi Louis XIII. en 1642. pour remplir la charge de Bibliothécaire. Il naquit à Paris le 24. Août 1589. de Roland Bignon, célébre Avocat d'une famille noble

& ancienne du Pays d'Anjou, & de Marie Ogier, fille de Chriftophe Ogier Avocat au Parlement de Paris ; titre qu'hono-
roient alors la plûpart des gens de naiffance & de mérite , & qui étoient prévenus d'une efpéce d'averfion contre la
vénalité des charges. Ce fçavant & ten-
dre pere ne voulut confier qu'à foi-mê-
me l'éducation d'un fils dont le naturel
promettoit infiniment. Sous ce maître
confommé dans toutes fortes de fciences,
le jeune Bignon apprit les Langues , les
humanités , l'éloquence , la Philofophie ,
les Mathématiques , l'Hiftoire , la Juris-
prudence & la Théologie. Plein de ces
connoiffances qu'il avoit épuifées avec ra-
pidité , il fit part au Public des fruits
furprenants de fes méditations dans un
âge où les autres enfans ont à peine jetté
les premiers fondemens de leurs études.
A dix ans il publia fa *Chorographie* , ou
defcription de la Terre Sainte ; & quatre
ans après il donna les deux Traités , l'un
des *Antiquités Romaines*, enfuite celui de
l'*Election des Papes* , matiére affez peu
connue dans ce temps-là. Le premier
Livre fut imprimé à Paris en 1604.
Le fecond en 1605. & celui-ci eut un tel
fuccés qu'en moins d'une année on en fit
trois éditions. Ces derniers Ouvrages fi-

rent grand bruit parmi les Sçavans déja
surpris de son coup d'essai. Le Roi Henri
le Grand ayant entendu parler de lui
voulut le voir, & après l'avoir goûté dans
quelques conversations, le choisit pour
être en qualité d'enfant d'honneur auprès du
Dauphin qui fut depuis le Roi Louis XIII.
Le jeune Bignon parut à la Cour avec
des manieres tout-à-fait aisées & polies.
L'austérité d'une étude assidue n'avoit
point obscurci les dispositions naturelles
qu'il avoit pour le grand monde, & le
tumulte ni les engagemens de la Cour ne
furent point capables d'affoiblir l'inclina-
tion qu'il se sentoit pour les sciences. Il
composa en ce temps-là (1610.) un
Traité de l'*Excellence des Rois & du
Royaume de France*, pour prouver que
les Rois de France doivent avoir la pré-
séance sur tous les autres Rois. Il dédia
cet Ouvrage au Roi Henri IV. qui l'engagea par ordre exprès à pousser plus
loin ses recherches sur cette matiére; mais
la mort funeste de ce Prince, arrivée peu
de temps après, interrompit ce projet, &
détermina même M. Bignon à se retirer
de la Cour; cependant ce ne fut pas pour
longtemps, il y fut bientôt rappellé à la
sollicitation de Nicolas Le Fevre, nouveau Précepteur du jeune Roi Louis XIII

& il ne put fe défendre d'y demeurer jufqu'à la mort de cet ami. Il profita de
cet intervalle pour travailler à l'édition
des Formules de Marculphe qu'il mit au
jour en 1613. avec des notes très-fça-
vantes.

En 1614. il fit un voyage en Italie,
& y vifita par-tout les plus illuftres d'entre les Sçavans qu'il convainquit par fa
préfence de ce que la renommée leur avoit
annoncé de plus incroyable en fa faveur.
Le Pape Paul V. lui donna des preuves
convainquantes de fon eftime, le Cardinal de fainte Suzanne qui n'étoit alors
que Secretaire des Brefs, établit avec lui
un commerce d'amitié très-étroite, & le
célébre Fra-Paolo charmé de fa conver-
fation, l'arrêta quelque temps à Venife
pour en profiter.

Au retour de ce voyage, M. Bignon
fe dévoua tout entier aux exercices du Bar-
reau, où fes premieres actions eurent un
grand fuccès. Son pere le fit pourvoir en
1620. d'une charge d'Avocat-général au
grand Confeil, & la réputation qu'il s'a-
quit dans ce pofte, fut fi grande que le
Roi quelque temps après le nomma Confeiller d'Etat, & enfin Avocat-général au
Parlement de Paris, à la place de M. Ser-
vien fur la fin de l'année 1625.

Tout le monde applaudit à ce choix, & en effet jamais cette importante place n'avoit été remplie plus dignement. En 1641. résolu de ne plus vaquer qu'aux emplois qui l'occupoient dans le Conseil d'Etat, il céda sa charge d'Avocat-général à Etienne Briquet son gendre.

L'année suivante, le Cardinal de Richelieu quoi qu'assez mal intentionné à son égard, le fit nommer Grand-Maître de la Bibliotheque du Roi, dans la persuasion que le Public le destinoit par avance à cette charge, & que c'étoit l'unique voie de se reconcilier avec les honnêtes Gens & les Sçavans indignés de la mort de M. de Thou son prédécesseur en cette charge. Ses provisions sont du 25. Octobre 1642. & sa prestation de serment entre les mains du Chancelier Seguier du 8. Mai 1643. L'amour que M. Bignon conservoit pour les Belles-Lettres lui avoit fait accepter cette charge, & son désintéressement lui fit refuser dans la suite celle de Surintendant des Finances.

M. Briquet son gendre étant mort en 1645. il fut obligé de reprendre sa charge pour la conserver à son fils aîné, & continua de l'exercer jusques à sa mort, quoique de premier Avocat-général il fût devenu le second. Il obtint en 1651 pour fon fils la furvivance de fa charge de Maître de la Librairie. Ce fçavant Magiftrat fut auffi employé à diverfes affaires importantes pour l'Etat ; la Reine Anne d'Autriche l'appella pendant fa Régence à tous fes Confeils jufqu'à fa mort, arrivée à Paris le 7. Avril 1656. dans la 67e année de fon âge. Il fut inhumé le lendemain en l'Eglife de faint Nicolas du Chardonnet, où l'on voit fon maufolée & fon bufte de marbre au-deſſous duquel on lit ces mots :

HIERONIMUS BIGNON,

SUI SÆCULI AMOR, DECUS,

EXEMPLUM, MIRACULUM.

Obiit anno 1656. 7. Avril, ætatis 67.

Et plus bas, fur une table de marbre noir, on lit fon Epitaphe qui eft trop longue pour la rapporter ici , on pourra la voir dans la defcription de Paris par Piganiol de la Force, tom. 4. p. 698. & à la fin de la vie de M. Bignon par l'Abbé Perault, pag. 149. 2e partie. La plus grande partie des piéces qui furent compofées pour honorer la mémoire de M. Bignon forment un volume *in-4°.* intitulé : *Elo-*

gium feu Breviarium vitæ Hieronimi Bi-
gnon, Paris. 1657.

Il n'avoit jamais voulu permettre qu'on fît fon portrait : mais on le tira pendant qu'il portoit la parole à la grande Chambre, c'eft pour cela que Lochon qui l'a gravé, a mis au bas ces mots : *R. Lochon ad vivum furtim dèlineavit.*

On trouve fa vie & le catalogue de fes Ouvrages dans les Mémoires du P. Niceron imprimés à Paris chez Briaffon en 1733. tom. 23. p. 158. & fuivantes.

— Sa vie a auffi été écrite par l'Abbé Pérant, & imprimée à Paris en 1757. *in-*12.

—— *Vz.* Moreri — Hift. des Maîtres des Requêtes. Mf. &c.

Il avoit époufé le 1. Février 1622. Catherine Bachaffon, fille de Jean Bachaffon Receveur-général des Finances, & de Marie Paffart dont il eut :

1. Jerôme Bignon qui lui fuccéda en fes charges d'Avocat-général & de Bibliothécaire du Roi, qui fuit :

2. Thierry Bignon, né en 1632. Confeiller au Parlement le 4. Août 1656. Maître des Requêtes par Lettres du 10. Mars 1663. Préfident au grand Confeil en 1671. puis premier Préfident de cette Cour fouveraine le 7. Avril 1690. mort

le

le 19. Janvier 1697. quatre jours après son frere aîné, & ne laiſſa de Françoiſe Talon ſa femme, morte le 23. Juin 1690. que Marie-Anne-Françoiſe Bignon mariée le 7. Novembre 1678 à Michel-François de Verthamont, Maître des Requêtes le 1. Juin 1677. puis premier Préſident du Grand-Conſeil en 1697. après la mort de ſon beau-pere qui mourut ſans laiſſer d'autre poſtérité le 2. Janvier 1738. âgé de 84. ans, & fut inhumé en l'Egliſe des Minimes de la place-royale.

— *Vz.* Hiſt. des Maîtres des Requêtes. Mſ. N°. 469.

3. Marie Bignon mariée à Etienne Briquet, Avocat-général au Parlement de Paris, en 1641. mort en 1645. dont il a été fait mention ci-deſſus.

Jerôme Bignon II. du nom, fils aîné de Jerôme Bignon & de Catherine Bachaſſon, né à Paris le 11. Novembre 1627.   1656. fut héritier des vertus de ſon illuſtre pere, auſſi-bien que de ſes charges d'Avocat-général & grand Maître de la Bibliotheque du Roi Louis XIV. Il avoit obtenu dès l'année 1651. la ſurvivance de cette charge ; ſes proviſions ſont du 20 Septembre, & la preſtation de ſerment du 26. du même mois. Il exerça la charge d'Avocat-général depuis la mort de ſon pere

C

en 1656. jufques en 1673. qu'il fut reçu
Confeiller d'honneur au Parlement. Le
Roi le nomma Confeiller d'Etat en 1678,
& chef du nouveau Confeil établi en 1696.
pour l'enregiftrement des armoiries.

Il joignit à beaucoup de capacité &
& de littérature des fentimens de probité, de droiture, de douceur & de mo-
deftie qui lui avoient juftement attiré
l'amour & l'admiration de tout le monde.
Il mourut le 15. Janvier 1697. âgé de
70. ans, & fut inhumé dans la Chapelle de fa maifon à faint Nicolas du
Chardonnet.

Il avoit époufé Suzanne Philippaux de
Pontchartrain, morte le 24. Mars 1690.
Elle étoit fille de Louis Philippaux Seigneur de Pontchartrain, Préfident de la
Chambre des Comptes, morte en 1685.
& de Suzanne Talon dont il eut quatre fils.

1. Jerôme Bignon III. du nom né le
11. Août 1658. fucceffivement Avocat
du Roi au Châtelet de Paris en 1679.
Confeiller au Parlement le 30. Août 1685.
Maître des Requêtes en 1689. Intendant
de Rouen, puis d'Amiens & d'Artois en
1694. Confeiller d'Etat, en 1698. & Prevôt
des Marchands de la ville de Paris en 1708.
mourut à Paris le 5. Décembre 1725. dans

la foixante-huitiéme année de fon âge.

Il avoit époufé le 26. Septembre 1685. Françoife Marthe Billard , fille de feu Germain Billard, fameux Avocat au Parlement de Paris & d'Helene Metivier ; elle mourut fans poftérité le 7. Janvier 1746. âgée de 82. ans.

— *Vz.* Hift. des Maîtres des Requêtes. Mf. N. 523.

2. Louis Bignon , Sous-Lieutenant au Regiment des Gardes Françoifes , en 1679. Lieutenant en 1682. Capitaine en 1687. & Major - Général des armées du Roi, mort fans avoir pris d'alliance.

3. Jean Paul Bignon , Abbé de S. Quentin en l'Ifle , Bibliothécaire du Roi , qui fuivra en 1718.

Armand. 4. ~~Arnaud~~ Roland Bignon Seigneur de Blanzy , né le 23. Septembre 1666. Avocat – général de la Cour des Aydes le 3. Mai 1689. Maître des Requêtes en 1693. Intendant des Finances & Confeiller d'Etat en Septembre 1699. fe démit de l'intendance des Finances au mois d'Août 1709. & fut nommé le 18. du même mois Intendant de Paris ; il mourut le 27. Mai 1724. dans la 58e année de fon âge , & fut inhumé dans la Chapelle de fa famille , en l'Eglife de faint Nicolas du Chardonnet.

Il avoit épousé 1° en 1691, Marie
Françoise Brunet, fille de Jean‑Baptiste
Brunet, Seigneur de Chailly, Travoify,
&c. Garde du tréfor Royal, morte fans
enfans le 10. Mai 1692.

2° Le 4. Janvier 1697. Françoise He‑
bert, Fille de Jean‑Pierre Hebert, Sei‑
gneur du Buc, Maître des Requêtes en
1675. & de Françoise l'Avocat, dont :

1. Jerôme Bignon IV. du nom, Maître
des Requêtes & Bibliothécaire du Roi,
duquel il fera parlé ci‑après.

2. Paul Roland Bignon, fous‑Lieute‑
nant au Régiment des Gardes Françoises
en 1718. tué par accident au mois de
Juillet 1720. en fa 19e année.

3. Armand‑Jerôme Bignon Bibliothé‑
caire du Roi en 1743. dont il fera fait
mention en fon rang.

4. Françoise Suzanne Bignon, née en
Juillet 1699, mariée le 20. Septembre
1720. avec Gilles Brunet d'Eury, Maître
des Requêtes en 1709. dont plufieurs en‑
fans ; elle eft morte le 16. Février 1738.
âgée de 39. ans. & fut inhumée en l'E‑
glife de faint Nicolas du Chardonnet.

——— *Vz.* Hift. des Maîtres des Requêtes.
Mf. N° 606.

5. Louife Bignon née en May 1700.
mariée le 16. Avril 1721. à Charles de

Romé Seigneur de Frefquiennes, Préfident à Morrier au Parlement de Rouen, reçu le 9. Avril 1723. dont poftérité.

En 1684. les deux charges de Maître 1684. & Garde de la Librairie qui avoient été poffedées diftinctement furent réunies en la perfonne de Camille le Tellier, dit l'Abbé de Louvois, né à Paris le 11. Avril 1675. Jumeau d'une fœur qui ne vécut que cinq ou fix ans ; il étoit le quatriéme fils de François Michel Le Tellier, Marquis de Louvois, Miniftre & Secretaire d'Etat, & d'Anne de Souvré fille unique du Marquis de Souvré, premier Gentil-homme de la chambre du Roi, & de Marguerite Barentin. Il fut reçu Docteur de Sorbonne le 18. Mars 1700. Chanoine de Reims, Grand-Vicaire & Official de fon oncle Charles Maurice Le Tellier Archevêque de Reims en 1701. Abbé de Bourgeuil & de Vauluifant, *Bibliothécaire du Roi en* 1684. Intendant & Garde des Medailles & Antiques de S. M. fur la fin de l'année 1700. Il fit un voyage en Italie où il acheta 3000. volumes de Livres qui manquoient à la Bibliotheque du Roi ; il augmenta encore cette Bibliotheque, non-feulement de plus de trente mille volumes imprimés, mais auffi d'un grand nombre de manufcrits, dont les plus confidérables font ceux de l'Archevêque de Reims fon oncle, de Mrs Favre, Bigot, Thevenot, de Gagniéres & d'Hozier. Il fut reçu en 1699. Honoraire de l'Académie Royale des Sçiences, puis à l'Académie Françoife en 1706. & dans celle des Infcriptions & Belles-Lettres en 1708.

Il fut nommé à l'Evêché de Clermont en 1717. mais la foibleffe de fa fanté l'engagea à refufer cette nomination ; en effet il mourut le 5. Novembre 1718. huit jours après l'opération de la pierre, âgé de 44. ans & demi.

——— *Vz* Son éloge, Hift. de l'Académie des Infcriptions & Belles-Lettres, tom. 5. p. 367. ——— Moreri.

——— Hift. des Secretaires d'Etat par Du Tot. p. 302. 331.

1718. Jean Paul Bignon Abbé de faint Quentin en l'Ifle, l'un des quarante de l'Académie Françoife, & Honoraire de celle des Infcriptions & Belles-Lettres, fut Bibliothécaire du Roi en 1718. (fes provifions font du 15. Septembre, & il prêta ferment le 18. du même mois,) après la mort de l'Abbé de Louvois ; il réunit à cette charge, celle de Bibliothécaire de Fontainebleau qu'avoit poffédée feu M. de Sainte-Marthe dernier titulaire ; il traita en même temps du brevet de

Garde des Livres du Cabinet du Louvre avec M. Dacier qui en étoit pourvu. C'eſt à ce ſçavant homme que la Bibliotheque du Roi & l'Académie des Inſcriptions & Belles-Lettres doivent leur principal luſtre. Il eſt inutile de parler ici de ſon mérite & de ſa ſcience que tous les Sçavans connoiſſent, & qui eſt héréditaire à cette famille de même que la charge de Bibliothécaire du Roi. M. l'Abbé Bignon eſt mort Doyen des Conſeillers d'Etat le 14. Mars 1743. dans la 81e année de ſon âge, étant né le 19. Septembre 1662.

⸺. *Vz* Moreri.

⸺ *Vz* Son éloge dans l'Académie des Inſcriptions & Belles-Lettres, tom. 16. p. 367. ⸺ Id. t. 5. p. 374.

⸺ Jerôme Bignon de Blanzy, neveu du précédent fut reçu en ſurvivance de l'Abbé Bignon ſon oncle en la charge de Bibliothécaire du Roi, (ſes proviſions ſont du premier Septembre 1722.) mais il ne lui ſuccéda pas, étant mort ſept jours avant lui, le 7. Mars 1743. dans la 45e année de ſon âge. Il fut reçu Conſeiller au Parlement le 8. Janvier 1717. Maître des Requêtes le 20. Septembre 1719. Intendant de la Rochelle en 1726. puis de Soiſſons au mois de Janvier 1737. Confeiller d'Etat en 1743. & Académicien honoraire de l'Académie des Belles-Lettres le 2. Février fuivant. Il étoit fils aîné de Roland Armand Bignon, Confeiller d'Etat & Intendant de Paris, dont il a été fait mention ci-deffus. Il eft mort fans laiffer de poftérité d'Heleine-Elifabeth Moreau, qu'il avoit époufée le 31. Août 1724. Elle étoit fille de Jean Moreau Seigneur de Blanzy, Baron de faint Juft, Controlleur général de la grande Chancellerie, & d'Anne Gonet fa feconde femme.

—— *Vz* Hift. de l'Académie des Inf-criptions & Belles-Lettres, t. XVI. pag. 379.

—— Hift. des Maîtres des Requêtes. Mf. N° 537. & 661.

1743.   Il eut pour fucceffeur dans la charge de Bibliothécaire du Roi Armand-Jerôme Bignon fon frere, Chevalier, Avocat-général du grand Confeil le 2. Septembre 1729. Maître des Requêtes le 16. Mai 1737. reçu à l'Académie Françoife à la place de l'Abbé Bignon fon oncle le 27. Juin 1743. & honoraire de l'académie des Belles Lettres en 1751. C'eft le cinquié-me de fon nom qui a été pourvu de la charge de Bibliothécaire du Roi. Il eft né le 17. Octobre 1711. a époufé le 4. Août

1736. Blanche Hue de Vermanoir dont plusieurs enfans ; fut reçu Prevôt & Maître des Cérémonies de l'Ordre du Saint-Esprit, en 1754. dont il prêta serment entre les mains du Roi le 8. Septembre.

—— *Vz.* Hist. des Maîtres des Requêtes. Msf. Nº 737.

—— Hist. de l'Académie des Inscriptions, tom. 16. p. 380.

—— Etat de la France, Paris, 1749. t. 4. p. 105.

Les Gardes de la Bibliotheque du Roi sont aujourd'hui Monsieur l'Abbé Sallier , Professeur Royal en Langue Hébraïque, de l'Académie Françoise, de celle des Inscriptions & Belles-Lettres , de la Société Royale de Londres & de l'Académie de Berlin.

M. Melot de l'Académie des Inscriptions & Belles-Lettres.

Cette Bibliotheque est ouverte au Public, les Mardi & Vendredi matin. Elle tient sans contredit le premier rang entre toutes les Bibliotheques, soit pour le nombre des Manuscrits & des Livres imprimés qu'elle contient , & par le précieux assemblage de Médailles & piéces Antiques dont elle est enrichie, soit par la magni-

ficence des bâtimens où elle eft logée depuis l'année 1721. Le Roi a donné des
Lettres patentes en 1724. enregiftrées au
Parlement le 16. Mai, & en la Chambre
des Comptes le 13. Juin de la même année, par lefquelles S. M. affecte à perpé-
tuité cet Hôtel au logement de fa Bibliotheque ; elle eft compofée de plus de cent
cinquante mille volumes , dont 50000.
mille Manufcrits & plus de cent mille
Livres imprimés. On en imprime actuel-
lement le Catalogue qui fera d'environ
24. ou 25. volumes *in-folio*. Les fix
premiers volumes ont paru en 1739. &
42. & le 10e en 1753.

Le nombre de ces Livres augmente chaque jour ; car outre les acquifitions nouvelles que le Roi fait dans tous les pays
du monde , tous les Sçavans s'empreffent
d'enrichir cette Bibliotheque de leurs Ouvrages.

Dès l'année 1556. le Roi Henri II. avoit
rendu une Ordonnance qui enjoint aux Libraires de fournir aux Bibliotheques Roya-
les un exemplaire en velin & relié de tous
les Livres qu'ils imprimeroient par privilége.

Louis XIII. par fon Edit du mois d'Août
1617. regiftré au Parlement le 7. Septem-

bre , ordonna qu'il feroit remis en fa Bibliotheque deux exemplaires de tous les Livres qui feroient imprimés ; & par Lettres patentes du mois d'Août 1658. Louis XIV. ordonna que les Libraires fourniroient un exemplaire de tous les Livres imprimés dans le Cabinet & Bibliotheque particuliére du Roi. Cette Ordonnance a été renouvellée par arrêt du Confeil d'Etat du 31. Janvier 1689. qui porte que ,, Tous les Auteurs , Libraires Im-
,, primeurs & Graveurs qui auroient obte-
,, nu des priviléges depuis l'année 1652.
,, & qui n'auroient pas fourni à la Bi-
,, bliotheque du Roi les exemplaires de
,, leurs Livres & Eftampes , feroient te-
,, nus de les fournir au Garde de la Bi-
,, bliotheque Royale quinze jours après
,, la fignification de l'arrêt, *fous peine de*
,, *confifcation & de quinze cent liv. d'a-*
,, *mende.* ,,

La déclaration donnée en forme de Ré-
glement pour la Librairie eft rappellée dans le Réglement de 1704. & ce Réglement a toujours été obfervé depuis , en ce qui regarde les exemplaires qui doivent être remis foit au Cabinet du Louvre, foit au cabinet du Roi. Mais par arrêt du Confeil d'Etat du 11. Octobre 1720. on n'eft plus

obligé de fournir un exemplaire au Cabinet du Louvre , mais feulement deux à la
Bibliotheque du Roi.

Après cette Bibliotheque , on doit donner le premier rang à celles qui font publiques , que nous diftinguerons par cette
marque. *

2. *   La Bibliotheque des Chanoines régu-
liers de faint Victor , rue des foffés faint
Victor , eft auffi ancienne que leur mai-
1103. fon qui fut fondée en 1103. Elle étoit
fort eftimée du temps même de François I. à caufe des manufcrits & des belles
éditions que l'on y voyoit; elle fut dans
la fuite confidérablement augmentée par
la libéralité de plufieurs perfonnes, particuliérement de M. Du Bouchet De Bournonville qui en fut un des premiers bienfaiteurs , & par M. de Tralage neveu de
M. de la Reynie Lieutenant - général de
Police de la ville de Paris , deux Sçavans des plus célébres de leur fiécle. Cette
Bibliotheque eft très-confidérable par rapport aux Livres Théologiques & Eccléfiaftiques ; on y trouve un affez grand
nombre d'anciennes éditions. Elle contient
auffi plufieurs manufcrirs très-eftimables,
fur-tout par rapport à l'hiftoire Eccléfiaftique , de forte qu'à ce dernier égard elle

paroît préférable à plufieurs autres Bibliotheques, on y entre les Lundi, Mercredi & Samedi à l'exception des fêtes. Ses Vacances font depuis le 15 d'Août jufqu'à la faint Luc 18. Octobre.

M. le Préfident Coufin mort le 26. Février 1707. a legué fa Bibliotheque à faint Victor, avec un fonds de vingt mille liv. pour l'entretenir à condition qu'elle feroit publique, & que le jour de l'anniverfaire de fon décès (26. Février) on y célébreroit une Meffe haute, & que l'on y prononceroit un difcours fur l'utilité des Bibliotheques publiques.

La Bibliotheque Mazarine eft dans un pavillon du Collége des quatre Nations; elle a été formée par les foins du fameux Gabriel Naudé. On y voyoit autrefois plus de quarante mille volumes du vivant du Cardinal Mazarin rue de Richelieu : mais ce Miniftre ayant été obligé de fortir de Paris dans le temps des troubles, fa Bibliotheque fut vendue par ordre du Parlement, & l'on tranfporta les manufcrits dans celle du Roi. Le Cardinal après fon retour à Paris, rétablit fa Bibliotheque avec beaucoup de foin. Elle contient aujourd'hui environ trente-fept mille volumes, mais il n'y a point de manufcrits; elle eft publique depuis l'an 1688. & on y entre les Lundi & Jeudi. Ses vacances font depuis le 1. Août jufqu'à la Touffaint.

4. * La Bibliotheque des Avocats, Cloître Notre-Dame, eft dans une falle de l'Archevêché. M. de Riparfond célébre Avocat au Parlemeut de Paris, a laiffé fa Bibliotheque à l'ordre des Avocats, à condition que le Public en jouira pendant quelques jours de la femaine. Elle eft publique depuis le 5. Mai 1708. on y entre les Lundi, Mardi & Jeudi. Les conférences de charité s'y tiennent le Mardi, & celles de doctrine le Samedi. Mrs les Avocats & autres Sçavants ont la liberté d'y entrer.

Les fonds légués par le fieur de Riparfond pour l'entretien de cette Bibliotheque ne s'étant pas trouvés fuffifans, le Parlement ordonna le 31. Août 1712. que pour y fuppléer on augmenteroit d'un cinquiéme la fomme de vingt liv. que les Officiers, Avocats & Procureurs payoient à leur réception pour droit de chapelle.

5. * La Bibliotheque des Peres de la Doctrine Chrétienne, rue des foffés faint Victor, fondée par Jean Miron Docteur en Theologie de la maifon de Navarre, fut ouverte le 23. Novembre 1717. dans la maifon de faint Charles des Peres de la Doctrine Chrétienne. On y entre les Mard

& Vendredi, ses vacances sont depuis la saint Barthelemi 24. Août jusqu'au Mardi d'après la saint Charles dont la fête arrive le 4. Novembre. Cette Bibliotheque est fort nombreuse & composée de Livres choisis dont le catalogue est manuscrit en 22. volumes *in-fol.*

M^rs les Gens du Roi du Parlement ont inspection sur ces quatre derniéres Bibliotheques pour en faire observer les statuts & maintenir le bon ordre ; elles ont chacune des fonds pour l'entretien de ceux qui y servent, & pour l'achat des Livres dont elles doivent être enrichies de temps en temps.

Il y a dans la plûpart des Communautés des Bibliotheques, qui sans être publiques, ne laissent pas d'être d'une grande utilité aux personnes studieuses, les Bibliothécaires se faisant un plaisir de communiquer aux honnêtes gens toutes les richesses dont ils ont la garde, de ce nombre est celle de :

L'Abbaye Royale de saint Germain des Prés, fauxbourg saint Germain, l'une des plus considérables de l'Europe après celle du Roi & du Vatican, tant pour le nombre des Livres & anciennes éditions, que par ses anciens manuscrits. Elle a été enrichie en 1718. de la Bibliotheque de

6. *

M. l'Abbé d'Estrées , nommé à l'Archevêché de Cambrai en 1720. de celle de
M. l'Abbé Renaudot , si connu parmi les
Sçavans. M. le Cardinal de Gesvres a legué à la même Abbaye sa Bibliotheque
entiére dans le dessein que le Public en
jouit une fois la semaine le matin & de
relevée. M. l'Evêque de Mets Duc de
Coaslin a legué à ces mêmes Religieux
un nombre de manuscrits qui appartenoient ci-devant à M. le Chancelier Seguier , & qu'ils avoient en dépôt depuis
1715. Cette Bibliotheque est aussi enrichie d'un cabinet d'antiquités formé par
feu Dom Bernard de Montfaucon, honoraire de l'Academie des Inscriptions &
Belles - Lettres , mort le 21. Décembre
1741. âgé de 87. ans. C'est ce sçavant
Religieux , qui avec tant d'autres Ouvrages a donné cette belle collection de catalogues des Bibliotheques de l'Europe intitulée : *Bibliotheca Bibliothecarum* imprimé à Paris en 1739. en 2. vol. *in-fol.* &
il fait remarquer qu'il n'y a point de Bibliotheque qui ait autant de Livres & de si
considérables en Lettres unciales que celle
de l'Abbaye saint Germain des Prés , il en
nomme quelques-uns des plus rares , comme sont un Psautier du 6e siécle ou environ , un saint Cyprien de ce temps-là,

le

le Pfautier de faint Germain en Lettres d'or fur un fond pourpre, un Evangile de faint Mathieu, &c.

L'on augmente journellement cette Bibliotheque; quoiqu'elle ne foit pas abfolument à l'ufage du Public, elle eft auffi fréquentée qu'aucune autre, par le libre accès que les Gens de Lettres y trouvent.

La Bibliotheque de fainte Geneviéve du Mont eft très-confidérable. Elle eft auffi accompagnée d'un Cabinet de curiofités, dont le Pere Claude Du Molinet a donné la defcription imprimée à Paris avec figures en 1692. *in-fol.* Cette Bibliotheque eft enrichie depuis 1710. de celle de feu M. Maurice le Tellier Archevêque de Reims, & M. le Duc d'Orleans mort le 4. Avril 1752. dans cette Abbaye, où il s'étoit retiré depuis plufieurs années, lui a legué toutes les médailles d'or de fon riche cabinet. On ouvre auffi cette Bibliotheque comme les précédentes à toutes les perfonnes connues qui fouhaitent prendre communication des Livres qui leur manquent.

La Bibliotheque de Sorbonne commença à fe former en 1289. c'eft l'une des plus riches Bibliotheques de l'Europe en manufcrits antiques. Elle eft compofée de celle de M. Des Roches, & de celle du

7.

8.

D

Cardinal de Richelieu ſon Reſtaurateur. On trouve dans cette Bibliotheque grand nombre de Livres de Théologie, les pre-miéres éditions de Paris faites dans la Mai-ſon même de Sorbonne. Pluſieurs rares ma-nuſcrits, divers exemplaires de la Bible Hebraïque, un bel Alcoran, pluſieurs Li-vres Turcs. L'Hiſtoire de Tite Live en 2. volumes *in-fol.* traduite en vieux Gaulois, & embellie de diverſes mignatures à la tête des chapitres, &c.

9. La Bibliotheque du Collége de Navar-re, rue de la montagne ſainte Geneviéve près la place Maubert, eſt conſidérable par d'anciens manuſcrits que la Reine Jeanne de Navarre Fondatrice de ce Col-lége y avoit legués par ſon teſtament du 25. Mars 1304. & par tous les Livres imprimés du célébre M. de Peireſc ; Ni-colas – Claude Fabri Seigneur de Peireſc, Conſeiller au Parlement de Provence, & l'un des plus beaux génies du 16e ſiécle, mort le 14. Juin 1637. âgé de 57. ans.

10. La Bibliotheque du Collége des Je-ſuites, rue ſaint Jacques, a été formée par la libéralité de pluſieurs perſonnes, & particuliérement par Nicolas Fouquet Surintendant des finances, qui a laiſſé un fond de mille liv. de rentes. Cette Bi-bliotheque a été augmentée en 1716. de

celle d'Achilles de Harlay Confeiller d'E-
tat. Elle contient plus de cinquante mille
volumes, parmi lefquels on voit plufieurs
anciennes éditions & des manufcrits Latins, Grecs, Hebreux, Chinois, &c. &
un beau cabinet d'antiquités.

La Bibliotheque des Jefuites de la maifon profeffe rue faint Antoine, doit principalement fon origine au Cardinal de
Bourbon; elle contient celle de Gilles Menage mort en 1692. celles du fameux
M. Guyet, & de feu M. Huet Evêque
d'Avranches; mort en 1721. âgé de 91.
ans. Celle du feu Pere Tournemine, &
le riche cabinet de medailles du feu Pere
Chamillart Jéfuite. 11.

On commença à former la Bibliotheque des Prêtres de l'Oratoire rue faint
Honoré, peu de temps après la fondation
de cette Maifon en 1611. elle fut augmentée
en 1620. d'un grand nombre de manufcrits & de Livres imprimés par la géné-
rofité d'Achilles de Harlay Marquis de
Sancy, Ambaffadeur de France à la Porte
Ottomane en 1615. Cette Bibliotheque eft
diftinguée par les manufcrits Hebreux &
Syriaques, Arabes & Perfans, dont la
plûpart ont été recueillis dans le Levant.
Le P. Le Cointe y ajoûta plufieurs excellens Livres, fur-tout par rapport à 12.

l'hiftoire. Cette Bbliotheque eft compofée de vingt-deux mille volumes, mais il y a peu d'anciennes éditions ; parmi les manufcrits Orientaux recueillis en partie par le P. Morin , on voit le Pentateuque Samaritain qui a été imprimé dans la Poliglotte de Paris.

13. La Bibliotheque des Jacobins de la rue faint Honoré, eft auffi ancienne que leur Couvent, qui fut fondé en 1613. & dédié à Louis XIV. le 5. Septembre 1638. jour de fa naiffance, & par cette raifon appellée la *Bibliotheque de Monfeigneur le Dauphin* ; elle a été augmentée par les foins du P. Goar, & en 1699. des Livres de M. Piques Docteur de Sorbonne ; cette Bibliotheque contient vint-cinq mille volumes, parmi lefquels il y a plufieurs manufcrits dont quelques-uns font Arabes, Syriaques, Ethiopiens, &c.

14. La Bibliotheque des Jacobins rue faint Jacques, eft auffi fort nombreufe.

15 Celle des P. P. Minimes de la place Royale a été fondée en partie aux dépens de ces Religieux & augmentée par la libéralité de diverfes perfonnes, particuliérement du fameux Jean de Launoy Docteur de Sorbonne, mort le 10. Mars 1678. âgé de 74. ans. qui legua aux Minimes la moitié de cette Bibliotheque ; elle eft com-

pofée d'un affez grand nombre de Livres
fur-tout de Livres Eccléfiaftiques ; l'on
voit auffi dans cette Bibliotheque plufieurs
manufcrits de Lyturgie ; & parmi les manufcrits il y en a qui contiennent les négociations des Miniftres de France dans les Pays
étrangers , & fur-tout en Turquie. On y
voit auffi l'Hiftoire des Cardinaux avec
leurs armoiries, & plufieurs Livres de Bo-
tanique écrits de la main du P. Plumier
Minime qui excelloit en ce genre ; ils font
ornés des plus belles figures.

La Bibliotheque des Céleftins eft nom- 16.
breufe & confidérable par les anciens manufcrits & les anciennes éditions entre autres *le Speculum vitæ humanæ*, imprimé par
Pierre Cefar & Jean Stol , & une Bible
imprimée à Paris en 1476. Le Livre intitulé : *Speculum humanæ falutis*, qu'on voit
dans la même Bibliotheque , eft fort rare,
il a été imprimé fur des planches gravées,
fans date, fans nom d'Auteur, ni de lieu
de l'impreffion.

Les Auguftins Déchauffés , dit petits 17.
Peres , place des Victoires , qui s'établi-
rent à Paris dans le dernier fiécle , com-
mencerent à former leur Bibliotheque
l'an 1650. elle fut augmentée d'environ
vingt-deux mille volumes en 1682. Cette
Bibliotheque eft confidérable, & le P. Jac-

ques y a auffi formé un cabinet curieux de Medailles & d'Antiquités. On eft re-devable à ces Peres de l'hiftoire de la Maifon Royale de France, & des grands Officiers de la Couronne, imprimée à Paris en 9. volumes *in-fol.* en 1726. & 1733. & dont le Pere Simplicien & M. le Préfident Durey de Noinville vont don-ner inceffamment la continuation jufqu'à la préfente année 1758.

18. La Bibliotheque des Cordeliers du grand Couvent contient beaucoup de manufcrits la plûpart Grecs, dont la Reine Cathe-rine de Medicis leur fit préfent, & beau-coup de manufcrits Latins qui depuis ont été imprimés par Alde Manuce, & par les Etienne, Robert & Henri.

19. La Bibliotheque de feu M. le Cardinal de Rohan en fon Hôtel au Marais, aug-mentée de celle de M. le Préfident de Me-nars, laquelle appartenoit autrefois à M. de Thou, eft très nombreufe & choifie; elle eft eftimée pour les belles relieures & les bonnes éditions. L'Abbé Oliva qui en étoit Bibliothécaire en a fait le cata-logue en 25. vol. *in-fol.* Il eft mort à Pa-ris à l'Hôtel de Soubife le 20. Mars 1757. âgé de 60. ans.

20. La Bibliotheque des Bernardins, rue des Bernardins.

Celle des Bons Enfans, rue saint Victor.

Des Capucins, rue saint Honoré, & du
Marais.

Des Recollets, fauxbourg saint Laurent.

Celle de la faculté de Medecine aux
Ecoles, rue de la Bucherie derriére la place Maubert, & de plusieurs particuliers
qui ont des Bibliotheques considérables,
entre autres celle de M. le Duc de la Val-
liére, composée de plus de vingt mille volumes, où tous les Ouvrages de nos Poëtes & de nos Auteurs Dramatiques, ainsi
que les Productions Romanesques se trouvent réunis avec tant de soin, qu'on peut
bien dire qu'elle contient les archives du
du Parnasse François. On y a rassemblé
plns de 15000. piéces fugitives, parmi
lesquelles sont les plus rares morceaux des
portefeuilles de M. Secousse.

Une si grande quantité de Bibliotheques est une marque authentique que Paris est une autre Athènes de notre temps
& le véritable séjour des Muses. Il n'y a
point, & il n'y a jamais eu de ville au
monde où l'on ait tant vu de Bibliotheques & de Livres ; on prétend que le
nombre de ceux qui sont à Paris est plus

considérable que tous ceux ensemble qui sont dans l'Europe.

Après les principales Bibliotheques de la ville de Paris que nous venons de rapporter, nous pourrions faire mention de celles des autres villes du Royaume qui mériteroient bien d'avoir place ici, telles que celle des Peres Jésuites de Lyon, & de plusieurs particuliers des villes de Dijon, de Rouen, de Provence, &c. mais dont le détail nous meneroit trop loin.

Nous pourrions aussi parcourir toutes les autres Bibliotheques de l'Europe ; nous nous bornerons seulement à celles d'Angleterre par la considération & l'estime que méritent les Sçavans de cette nation, & en particulier *la Société Royale de Londres* qui tient dans l'Europe, & l'on peut bien dire dans le monde entier un rang si distingué dans la République des Lettres. Cette célébre Académie doit son origine à des assemblées particuliéres de quelques Sçavans qui se firent d'abord à Oxford dans la maison du sieur Wilkins alors chef du Collége de Wadham à Oxford. Les sieurs Robert Boyle, Jean Wallis, Thomas Willis & plusieurs autres connus en France se rendirent à ces assemblées. Les affaires du Royaume ayant occasionné en 1658. la

diſperſion de la plûpart de ces Sçavans,
ceux qui ſe retirerent à Londres y renoue-
rent leur liaiſon & leurs aſſemblées ; ils
ſe trouverent deux fois chaque ſemaine au
Collége de Gersham, & leur nombre s'accrut beaucoup en peu de temps. Les agi-
tations de l'Etat ne firent que ſuſpendre
de nouveau leurs aſſemblées : ſous Charles II. Milord Clarandon ſon grand Chancelier les appuya de ſon crédit auprès
du Roi, qui donna au mois d'Avril 1663.
des Lettres Patentes par leſquelles il érigea cette compagnie en Académie ſous le
titre de *Société Royale de Londres.* On fit
voir au Roi quel étoit le plan de cette
Société, ce Prince qui avoit beaucoup d'eſ-
prit ſe fit un plaiſir de contribuer au progrès des Sciences & des Arts ; il ſe déclara
le fondateur & le protecteur de cette Société, dont il fit les réglemens que l'on
peut voir dans l'hiſtoire de la Société
Royale de Londres, écrite en Anglois par
Thomas Sprat & traduite en François,
imprimée à Genève en 1669. *in-*8°. Tous
les Sçavans de quelque pays qu'ils ſoient
ſont admis dans cette Société, dont la
réputation ſe ſoûtient toujours avec beaucoup d'éclat.

Elle a une très-belle Bibliotheque & un
Cabinet qui contient beaucoup de curioſités.

2. L'Eglise Collégiale de West-minster ou de West-munster possede une nombreuse Bibliotheque.

3. Près de la Salle de West-minster, est la fameuse Bibliotheque Cottonienne, érigée par le Chevalier Cotton, & composée de beaucoup de manuscrits dont la plûpart regardent l'histoire d'Angleterre.

4. On y voit aussi la Bibliotheque Royale qui contient plusieurs Livres rares.

5. La Tour de Londres renferme les Archives du Royaume où l'on trouve aussi une infinité de titres des familles de France, & beaucoup de Livres qui y furent envoyés par le Duc de Betfort après la mort de Charles VI. Roi de France, comme nous l'avons dit au commencement de cette histoire.

Oxford capitale du Comté de même nom est à seize lieues de Londres. La ville d'Oxford est fameuse par son Université qui est la première de l'Angleterre ; elle fut fondée par le Roi Alfred l'an 879. Dans l'un des bâtimens de cette université est la cé-

6. lébre Bibliotheque Bodleienne qui porte ce nom, parce que le Chevalier Thomas Bodley la rétablit à ses frais, & laissa en mourant un fonds pour entretenir un Bibliothécaire, & pour acheter tous les ans de nouveaux Livres. Cette Bibliotheque

s'eſt accruë par les préſens que pluſieurs
perſonnes y ont faits, enſorte qu'on l'eſtime preſque autant que celle du Vatican
à cauſe du grand nombre & de la bonté
des Livres, particuliérement des manuſcrits dont M. Heide a donné le Catalogue.
On y voit auſſi des Cartes de toutes les
parties du monde, & les Tableaux de tous
les Auteurs dont les œuvres ſont dans cette
fameuſe Bibliotheque.

Nous ne devons pas oublier ici de faire
mention de ces fameux marbres nommés
les marbres d'Arundel qui furent trouvés
au Levant dans l'iſle de Paros, l'une de
l'Archipel par Guillaume Pétre au commencement du 17ᵉ ſiécle & qui furent
rangés à Londres dans les ſalles & dans
les jardins du Comte d'Arundel ſur le bord
de la Tamiſe. Après ſa mort le fils de ce
Seigneur en fit préſent à l'Univerſité d'Ox-
fort ; ils contiennent une chronique, où
les principales époques de l'hiſtoire des
Athéniens ſont marquées exactement &
diſtinctement depuis la premiére année de
Cécrops, qui commence ſuivant cette
chronique à l'an de la période Julienne
3132. 1582. ans avant J. C. & finit l'an
de la période Julienne 4360. & 354. ans
avant J. C. Jean Selden compoſa en 1629.
un Livre intitulé : *Marmora Arundelliana,*

où il explique ces belles antiquités, &
depuis, M. Prideaux l'a fait paroître
de nouveau à Oxford en 1676. & enfin
l'a encore publié depuis quelques années.
Lydiat & Palmerius y ont ajoûté de
doctes Remarques, & le Pere Petau,
Saumaise, Vossius, & plusieurs autres sçavans Chronologistes en ont tiré de grands
secours pour fixer les époques de la chro-
nologie des Grecs. Ces marbres ont été
donnés à l'Université d'Oxford sous le titre de *Marmora Oxoniensia*.

7.

—— *Vz* La chronique des marbres de
Paros, nommés marbres d'Arundel ou
d'Oxford, tablettes chronologiques de
l'histoire universelle, par l'Abbé Lenglet
du Fresnoy imprimées à Paris chez de
Bure & Ganeau en 2. vol. *in-8°*. premiére partie, pag. CLXVII. & 187.

. Cambrige est la seconde Université du
Royaume d'Angleterre, cette ville est la
capitale du Comté de ce nom, elle est si-
tuée à 44. mille au Nord de Londres. L'U-
niversité a seize Colléges qui contribuent à
la beauté de cette ville & au progrès des
sciences. Cambrige a dix Professeurs, sça-
voir en Théologie, en droit, en médecine, en Physique, en Mathématiques,
en Hebreu, en Grec, en Latin, &c.
outre un Orateur public. On voit dans le

Collége du Roi une très - belle Bibliotheque enrichie d'une grande quantité d'ex-   8.
cellens Livres.

Edimbourg capitale de l'Ecosse, a toujours été le lieu de la résidence des Rois,
tandis que ce Royaume a eu des Souverains particuliers jusqu'à la mort d'Eliza-
beth Reine d'Angletere, arrivée le 4. Avril
1403. Cette ville a une Université fondée
par Jacques VI. Roi d'Ecosse & qui fut
enfuite Roi d'Angleterre en 1603. fous
le nom de Jacques I. L'Université d'Edimbourg communément appellée *The Col-   9.
lége* possede une riche Bibliotheque fondée par Clement Litte en 1635. & qui a
été fort augmentée depuis par la libéralité
de plufieurs perfonnes de qualité & autres
qui ont eu leur éducation dans cette Univerfité. Les Livres des bienfaicteurs qui
ont enrichi cette Bibliotheque font dif-
tingués des autres, ayant leur place à
part, & les noms des bienfaiteurs écrits
en lettres d'or au-deffus. On y voit auffi les
portraits de plufieurs Princes & de la plûpart des Réformateurs, fous la Bibliotheque eft l'Imprimerie Royale qui fur-
paffe en beauté toutes les autres d'Angleterre.

Il y a encore une autre très-belle Biblio-   10.
theque compofée d'une grande quantité

de Livres imprimés & manufcrits qui appartient au Collége de Juftice, c'eft-à-dire aux Jurifconfultes, & que l'on appelle la Bibliotheque des Avocats.

11.   Le Collége de Médecine poffede un très-beau Mufæum dit *Mufæum Balfurianum* du nom de fon fondateur, le Chevalier André Balfour Docteur en Médecine. C'eft un vafte recueil des curiofités de la nature & de l'art tant de l'écoffe que des pays étrangers : on y voit auffi plufieurs Livres & manufcrits curieux, & du côté du Nord eft un très-beau jardin de fimples contenant une infinité de plantes de tous les pays du monde, fous les foins d'un habile Botanifte.

Aberdeen ou Aberdon, Aberdone ville d'Ecoffe avec Evêché établi en 1100. & Suffragant de l'Archevêché de faint André. Il y a auffi en cette ville une Univerfité & une Académie fondée en 1480. par l'Evêque Elphingfton ; on la nomme Collége du Roi, parce que l'Evêque étant mort fans avoir pû achever tout l'Edifice, le Roi Jacques IV. fe déclara le Protecteur & le Patron de l'Univerfité, & mit la derniére main à ce qui reftoit à faire. Il y a une

12.   Bibliotheque publique qui fut fort enrichie dans le 17e fiécle par celles du Docteur Patrik Scougal Evêque d'Aberdeen,

& du Docteur Henri Scougal fon fils Pro-
fefleur en Theologie.

Dublin capitale du Royaume d'Irlande
autrefois le féjour des Rois , & aujour-
d'hui celui des Vice-Rois. Le Pape Eu-
gène III. y fonda vers l'an 1151 un Archevêché qui avoit avec le titre de Supre-
matie neuf Evêques Suffragans. Cette ville
eft belle , grande & bien peuplée, il y a
une Univerfité qui fut érigée en 1320.
par une Bulle du Pape Jean XXII. fous le
Roi Edouard II. & que la Reine Eliza-
beth fonda en 1592. par fes Lettres du
30. Mars. Le Collége qui porte le nom
de la fainte Trinité eft fort beau & jouit de
bons revenus. Thomas Smith Lord Maire
de Dublin en pofa la premiére pierre le
13. Mars 1591. Guillaume Cecil Lord
Burleigh grand Tréforier d'Angleterre en
fut le premier Chancelier ; Adam Loftus
Archevêque de Dublin en fut le premier
Principal , & les fieurs Lucas Challoner,
Guillaume Daniel, Jacques Furllerton , &
Jacques Hamilton en furent les premiers
Membres ou *Socii.* Sur une adreffe que la
Chambre des Communes d'Irlande pré-
fenta à Guillaume III. Roi d'Angleterre,
S. M. leur accorda la fomme de trois
mille piéces pour aggrandir ce Collége &
y faire de nouvelles réparations. Il poffede

une belle & nombreuſe Bibliotheque.

13. Nous ne finirions pas ſi nous voulions rapporter ici toutes les autres Bibliotheques des *Sçavans* d'Angleterre , dont la nation s'applique avec tant de ſuccès à la perfection des Sciences & des Arts; & nous renvoyons à ce ſujet à ce qui en a été dit dans le Traité des plus belles Bibliotheques publiques, & particuliéres du P. Louis Jacob Religieux Carme imprimé à Paris en 1644. pag. 242. & ſuivantes qui fait mention des Bibliotheques d'Angleterre , quoique depuis cette édition il y ait preſque un changement total dans la plûpart de ces Bibliotheques.

Après avoir rapporté quelques Livres qui peuvent ſervir à former une Bibliotheque, nous donnerons une liſte de tous les Catalogues imprimés des Bibliotheques qui ſont venus à notre connoiſſance.

Juſte Lipſe dans ſon Traité des Bibliotheques intitulé : *Juſti Lipſi de Bibliothecis ſyntagma.* Lugduni , 1623. *in-fol.* tom. 2. p. 887.

Avis pour dreſſer une Bibliotheque , par Gabriel Naudé, Paris, 1637. *in-8°.*

—— Id. ſeconde édit. 1644.

Traité des plus belles Bibliotheques publiques & particuliéres qui ont été & qui ſont à préſent dans le monde, par

le

le P. Louis Jacob Châlonnois Religieux Carme. Paris, 1644. 2. vol. *in-8°.*

Traité des plus belles Bibliotheques de l'Europe, par Le Galois. Paris, 1685. *in-12.*

Bibliotheca Bibliothecarum, Philippi Labbe, è Societate Jesu. Parisiis, 1664. *in-8°.*

Bibliotheca Bibliothecarum, Bernardi de Montfaucon. Parisiis, 1739. 2. vol. *in-fol.*

Catalogue imprimé des Livres de la Bibliotheque du Roi. On lit dans le mémoire historique qui est à la tête du premier volume » que quoique les Catalo- » gues femblent n'être faits que pour l'inté- » rieur des Bibliotheques, cependant l'expé- » rience fait voir que ces sortes d'ouvrages » font d'une très-grande utilité lors même » qu'ils ne contiennent qu'un fimple énon- » cé des titres & des piéces contenues dans » chaque volume. « On peut bien affu- rer que ce fçavant & immenfe Catalogue qui pourra contenir 24. à 25. volumes grand *in-folio* pourroit fuffire & fuppléer à tous les autres Catalogues; mais outre que ce grand Ouvrage n'eft encore im- primé qu'à moitié, il n'eft pas poffible à bien des Sçavans d'en faire l'acquifition par rapport au prix qui fera de plus de 600. liv.

mais il fera fort facile & à peu de frais
d'acquerir celui-ci qui indiquera au moins
les Catalogues imprimés de plufieurs Bibliotheques tant de France que des pays
étrangers , & dont le nombre augmente
chaque jour.

La divifion générale d'une Bibliotheque
fe fait ordinairement dans les cinq gran-
des claffes auxquelles on peut fe rapporter , qui font 1° la Théologie , 2° la
Jurifprudence, 3° la Philofophie, 4° les
Belles-Lettres, 5° l'Hiftoire, chaque claffe
demande de nouvelles divifions & fubdi-
vifions que la nature des Livres a fait
naître comme on pourra le voir dans les
principaux Catalogues imprimés dont nous
allons donner la lifte.

TABLE

ALPHABETIQUE

Tant des Ouvrages publiés fous le titre de *Bibliotheque* ; que des Catalogues imprimés des Cabinets de France & des Pays étrangers.

Les Catalogues auxquels fe trouve jointe la Table des noms des Auteurs font défignés par cette marque. *

A C. A L.

ACadémie Françoife (Catalogue des Livres donnés par le Roi à l') Paris, 1674. *in-8°*.

Acroamatica, Theologica, Juridica &c. comprehendens recenfionem fpecialem omnium Codicum Manufcriptorum, Græcorum, Hebraïcorum &c. Hannoveræ, 1712. 1. vol. *in-12*.

Alchymiques (Bibliotheque des Philofophes Alchymiques ou Hermetiques,

E ij

contenant plusieurs ouvrages en ce genre. Paris, Cailleau, 1754. 4. vol. *in*-12.

Allatius (Leonis Allatii de *Symeonum* scriptis Diatriba , accedunt varia Græcorum Opuscula Gr. Lat. eodem interprete , & Fr. Combefis originum C P. Manipulus ex variis Autoribus Gr. Lat. Paris 1664. *in*-4°.

Allemagne (Mich. Hertzii Bibliotheca Germanica , sive notitia scriptorum rerum Germanicarum. Erfurti 1679. *in fol.*

Alphabétique (Catalogus Alphabetico ordine Librorum rarissimorum ab artis Typographicæ inventoribus ante annum M. D. excusorum. *in*-8°.

______ Eclaircissemens littéraires sur un projet de Bibliotheque Alphabétique sur l'histoire littéraire de Cave , &c. Paris, 1736. en 2. parties *in*-4°. br.

Alphabétique (Catalogue des Livres imprimés en France & autres parties de l'Europe annoncés pendant le cours de l'année 1736. Paris , Mesnier. 1738. *in*-12.

______ *Vz.* Cavelier. ______ *Vz.* Hondt.

Alphabétique (Catalogue des Livres de Flandre & de Hollande.

Ambrosiana (Petri Paull. Boschæ Hemi-

decus de origine & ſtatu Bibliothecæ Am-
broſianæ. Mediolani 1674. *in-*4°.

Amœnitates Litterariæ quibus variæ
obſervationes , ſcripta item quædam anecdota & rariora opuſcula exhibentur ; ſtu-
dio & labore Jo. Georg. Schelhornii.
Francof. 1725. 3. vol. *in-*8°.

Amuſante & inſtructive , par le Pere
Niceron, Paris, Ducheſne 1753. *in-*12.

—— La même, ſeconde édition chez le
même. Paris , 1755. 3. vol. *in-*12.

—— Cet ouvrage périodique ſe continue en 1756.

Anatomica Jacobi Mangeti Genevæ
1695. 2. vol. *in-fol.*

Anatomica Guillielmi Couyper. Lugd.
Bat. 1739. *in-fol.* mag.

Ancienne (Burc. Gotthelfic Struvii Bibliotheca antiqua publicata Ienæ annis
1705. & 1706 ; accedit ejuſdem diſſerta-
tio de jure Bibliothecarum Ienæ 1710.
2. tom. en 1. vol. *in·*4°.

* Ancienne & moderne par Le Clerc.
Amſterdam & La Haye. 1714. à 1727.
inclus avec la table 29. vol. *in-*12. pour
ſervir de ſuite à la Bibliotheque choiſie.

—— *Vz.* Biblioth. choiſie.

—— Id. Bibliotheque ancienne & moderne ou Cataloque de Livres choisis. La Haye , Goffe, 1743. *in-8°.*

Angleterre (Catalogus Librorum manuscriptorum Angliæ & Hiberniæ, cum indice Alphabetico. Oxoniæ , à Theatro Scheldoniano , 1697. *in-fol.* 2. vol.

Angleterre (Bibliotheca Britannico-Hibernica five de Scriptoribus qui in Anglia , Scotia & Hibernia ad feculi XVII. initium floruerunt , Autore Thom. Tannero Epifcopo Afaphenfi editore Davide Wilkino, Londini , Bowger , 1748. *in-fol.*

Anglois (Jo. Lelandi Commentarii de Scriptoribus Britannicis. Oxon. è Theatro 1709. 2. tom. en 1. vol. *in-8°.*

___ Id. Mart. Kempii Bibliotheca Anglorum Theologica Regiomonti , 1677. *in-4°.*

Angloife ou Hiftoire Littéraire de la Grande-Bretagne , par M. D. L. R. (Michel de la Roche) continuée par Armand de la Chapelle , Amfterdam , 1727. à 1728. 30. parties en 15. vol. *in-12.*

___ Mémoires Littéraires de la Grande-Bretagne par le même de La Roche. La Haye , 1720. &c. 12. tom. en 6. vol. *in-12.*

Année Littéraire , par M. Freron 1754.

à 1758. 31. vol. *in-12.* cet ouvrage se continue.

Annuelle & Universelle, contenant le Catalogue des Livres imprimés en Europe pendant les années 1748. & 1749. Paris, 2. vol. *in-12.*

Anomatica Danielis Clerici & Joannis Jacobi Mangeti, Genevæ, Chouet, 1699. 2. vol. *in-fol.*

Antoine de M. *** Paris, Martin, 1652. *in-12.*

Anonime. Paris, Damonneville, 1757.

—— Id. Martin 1757.

Des Anonimes (Venetii Placcii Theatrum Anonymorum & Pseudonymorum nova editio auctior cum præfatione & vita auctoris per Joannem Albertum Fabricium. Hamburgæ, 1717. *in-8º.*

Anonime, aux Augustins. Paris, Piffot 1754. *in-12.*

Anonimiana per Adrianum Moetjens. Hagæ Comitum, 1728. 3. vol. *in-12.*

Anonimiana, Hagæ Com. Beauregard, 1743. *in-8º.*

—— Id. Catalogue de Livres. Paris, Martin, 1753. *in-12.*

—— Anonime, Paris, Bauche 1756. *in-8º.*

—— Id. Martin. Paris, 1757. *in-8º.*

AN. AP. AR.

—— Id. Bauche, 1757. *in*-8°.

D'Antin, Vice-Amiral de France. Paris, Martin, 1742. *in*-12.

Antiqua (Bibliotheca) Struvii. Genæ, 1706. *in*-4°.

Antiquaires (Jo. Alb. Fabricii Bibliographia antiquaria five introductio in notitiam Scriptorum qui antiquitates Hebr, Gr. Rom. & Chriftianas fcriptis illuftraverunt : accedit Mauricii Senonenfis Carmen de Miffæ ritibus nunc primum editum Hamb. 1713. *in*-4°. —— Eadem, editio nova auctior ibid. 1716. *in*-4°.

Antitrinitarium feu Catalogus Scriptorum & brevis eorum auctorum narratio qui fanctam Trinitatem impugnarunt Auctore Chriftophoro Sandio, Freiftadii, 1684. *in*-8°.

Apparatus Litterarius fingularia nova anecdota, rariora ex omni eruditionis genere depromens, ftudio focietatis colligentium Wittembergæ, 1717. *in*-8°.

D'Apligny. Paris, Barois, 1742. *in*-12.

L'Archevêque. Rouen, 1749. *in*-8°.

Arkeliana. Roterodami, Daniel Beman 1725. *in*-12.

Arndrii(Caroli) Syftema. Lipfiæ, 1714. *in*-4°.

Des Arrêts de tous les Parlemens de

A U. B A.

France , par Laurent Jovet. Paris , 1669. *in-fol.*

——— Id. par Claude de La Ville. Paris , 1692. *in-fol.*

——— Le même , par Brillon. Paris 1711. 3. vol. *in-fol.*

——— Le même , Paris , 1727. 6. vol. *in-fol.*

Aubry , Conseiller au Parlement de Paris. Paris , Mathey & Lepine 1742. *in-12.*

Augustanæ Bibliothecæ Ehingeri Catalogus. Aug. Vind. 1633. *in-fol.*

Des Auteurs de Bourgogne.

— *Vz.* Bourgogne.

Des Auteurs Ecclésiastiques.

— *Vz.* Ecclésiastiques.

Des Auteurs de France. — *Vz.* France.

D'Autry (Comte) Paris , Martin , 1750. *in-12.*

Auvergne (Prince d') Paris , Gandouin 1738.

Auvray (l'Abbé) Paris , Osmont , 1755. *in-8°.*

B A.

De **B** Acalar , M. de saint Philippe. La Haye , Jean Swart & Pierre de Hondt , 1726. *in-8°.*

Bachelier, Parisiis Coustelier, 1725. *in-4°.*

Bachelier premier valet de chambre du Roi. Paris, Morel, 1755. *in-12.*

Baillet (jugemens des Sçavans sur les principaux ouvrages des Auteurs, avec les enfans célèbres, les Auteurs déguisés, & le Traité des satires personnelles qui portent le nom d'Anti, par André Baillet. Nouv. édition revuë & augmentée de notes par Bernard de la Monnoye. Paris, Moette, 1722. 7. vol. *in-4°.*

—— Anti-Baillet ou Critique des jugemens des Sçavans, par Gilles Menage. Nouv. édition avec les observations de Bernard de la Monnoye & les réflexions du P. Boschet sur les jugemens des Sçavans. Paris, Moette, 1730. *in-4°.*

Balusiana. Parisiis, 1719. Martin & Boudot 3. vol. *in-12.*

Banckheim (Catalogue des tableaux de M. le Baron de) Paris, Montalant, 1747. *in 8°.*

Barberiana, Romæ, 1681. 2. vol. *in-fol.*

* Barré Auditeur des Comptes. Paris, Martin, 1743. 2. vol *in-8°.* avec la table des Auteurs.

Bartolomi (Julii) Bibliotheca magna Rabbinica de Scriptoribus & scriptis Hebraïcis. Romæ, 1675. 4. vol. *in-fol.*

B A. B E.

La Basti, Doyen de l'Eglise Cathedrale de Lisieux. Lisieux, 1755. *in-*12.

De Bauche, Parisiis, 1726.

—— Idem, Bauche, 1753. *in-*8°.

—— Id. 1756. *in-*8°.

Belgique (Valeri Andreæ Desseli Bibliotheca Belgica de Belgis vita scriptisque claris, editio renovata & tertiâ parte auctior. Lovanii, 1623. *in-*8ª.

—— Idem. 1643. *in-*4°.

—— Id. Bruxellis, 1739. 2. vol. *in-*4°. (Paris Briasson.)

Belharnosiana (Catalogus Bib. Belharnosianæ. Aurel. 1683. *in-*4°.

Bellanger, Trésorier du sceau. Paris, Martin 1740. *in-*8°.

Benedictina (Floriacensis vetus) sancta Apostolica, Pontificia, Cæsarea , Regia , Franco-Gallica. Leg. 1605. *in·*8°.

Benedictins (Bernardi Pez Bibliotheca Benedictino Mauriana seu de ortu , vitis & scriptis Patrum Benedictinorum è Congregatione S. Mauri in Francia Aug. Vind. 1716. *in-*8°.

* Bernard de Rieux Président des Enquêtes du Parlement. Paris, Barrois, 1747. *in-*8°.

Bernard , Conseiller d'Etat ordinaire. Paris, Barrois, 1754. *in-*8°.

Berthaud. Paris, Moreau, 1756.

Besoigne. Paris, 1743. *in-12.*

Beyeri (N. Augusti) Memoriæ histo-rico criticæ Librorum rariorum. Dresdæ & Lipsiæ, 1734. *in-12.*

Bibliotheca Bibliothecarum Philippi Labbe è Societate Jesu. Parisiis 1664. *in-8°.* Eadem Rothomagi, 1672. 1674. & 1678.

—— Eadem Rothomagi, 1674. *in-8°.*

—— Id. P. Bernardi de Montfaucon. Parisiis, 1739. (contenant la collectiou des Catalogues des Bibliotheques de l'Europe. 2. vol. *in-fol.*

—— *V*ȝ Ce qui a été dit au sujet de cette Bibliotheque dans celle de l'Abbaye Royale de saint Germain des Prez.

Bibliotheque raisonnée. — *V*ȝ Raisonnée.

Bibliotheque sainte (Sixti senensis Bibliotheca sancta. Paris, 1710. *in-fol.*

—— Id. Jacob. le Long , Bibliotheca sacra qua recensentur editiones textus sacri ac versionum ejusdem necnon Auctores in S. Scripturam cum appendice Grammaticarum & Lexicorum Li guarum Orientalium & Græcæ N. Testamenti. Paris , 1723. 2. tom. en 1. vol *in-fol.*

—— Id. Th. Ittigii tractatus de Biblio-

thecis & Catenis Patrum variifque veterum Scriptorum Ecclefiaft. Collectionibus
Lipfiæ. 1707. *in-8°*.

Bigotiana, Parifiis 1706. *in-douze*. Ofmont & Martin.

___ Id. Paris, 1730. *in-douze.*

Bizantine (Martini Hankii de Bizanti-
narum rerum Scriptoribus Græcis Liber,
cum fex indicibus, Lipfiæ, 1677. *in-4°.*

Blamont. ___ *Vz.* Frifon.

* Le Blanc, Secretaire d'Etat de la guerre.
Paris, Martin, 1729. *in-8°.*

Bluet, Paris, 1667. *in-douze.*

Bodleianæ (Thomæ Hyde Catalogus
Bibliothecæ (Oxoniæ, 1620. *in-4°.*

___ Idem 1674. *in - fol.* ___ Idem
1675. *in-fol.*

Bodleiana *Vz.* Oxonia illuftrata.

Boeclerus (Joan. Henr. Boecleri Bibliographia critica) Scriptores omnium
Artium atque Scientiarum ordine continens, curis Joan. Gottlieb. Kraufe, Lipfiæ, 1715. *in-8°.*

Boidot (l'Abbé) Docteur de Sorbonne,
Paris, 1751.

Du Bois de Marfon. Paris, 1729.

Boifiana (Cardinal du Bois) La Haye,
1725. Swart & de Hondt. Paris, Martin
4. vol. *in 8°.*

B O.

Boiffard (J. Jac. Boiffardi Bibliotheca, cum fig. Jo. Th. de Bry. Francof. 1628. *in-4°*.

—— Eadem. 1650. *in-4°*.

—— Boiffier. Parifiis, Martin, 1725. 3. vol. *in-douze*.

Bolduani Bibliotheca Theologica. Lipfiæ, 1622. *in* 4°.

—— Id. Philofophica Ienæ , 1616. *in-4°*.

Bonardy, de Creffy, Confeiller au Parlement. Paris, Barrois, 1750. *in-12*.

* Bonneau Secretaire du Roi. Paris, Damonneville , 1754. *in-8°*.

Bonnet Curé de S. Nicolas des Champs. Paris, Martin & Guerin, 1731. *in-12*.

Bonnier de la Moffon , par Gerfaint. Paris, Barrois & Simon, 1744. *in-8°*.

Bonrepaux , Ambaffadeur en Dannemarck, 1727. Montalant *in-12*.

Borellii (Petri) Bibliotheca Chimica feu Catalogus Librorum Philofophicorum Hermeticorum. Parifiis , 1754. *in-12*.

Du Bos , ancien Avocat au Parlement. Paris, Bauche, 1750. *in-12*.

Bofch. Agæ Comitum , 1729.

Botanica, Autore Joan. Franc. Seguierio. Hagæ Comitum 1740. *in-4°*.

BO.

Boucher, Avocat au Parlement. Paris, Barrois, 1749.

Boucot, Paris, 1699.

Boullanger, Avocat expéditionnaire en Cour de Rome. Paris, Barrois, 1741.

Du Boullai Tréforier de Madame la C. de Touloufe. Paris, Martin, 1744.

Boullogne, Receveur général. Paris, 1733. avec les prix. Martin & Guerin.

Bourgogne (Philib. de la Mare) Conf-pectus Hiftoricorum Burgundiæ. Divione, 1689. *in-*4°.

——— Bibliotheque des Auteurs de Bour-gogne, par l'Abbé Papillon. Dijon, 1742. 2. vol. *in-fol.* en 1.

——— Le même, 1745. 2. vol. *in-fol.*

De Bournonville. Paris, 1706. Gif-fard.

Bourret, Ancien Intendant de Neuf-châtel. Paris, Boudot & Guerin, 1735. *in-*12.

Boufquet & Compagnie Libraires à Genève, 1728. 1729. & 1730.

Bouvart Chanoine de l'Eglife de Char-tres. Paris, Prault, & Chartres Doublet, 1756. *in-*8°.

De Boze de l'Académie Françoife. Im-primerie Royale 1745. *in-fol.*

——— Id. Paris, Martin, 1753. *in-*8°.

___ Id. 1754. *in-8o.*

Briaſſon Libraire, années 1725. à 1742. 10. vol.

Briére, Preſbiter; Lutetiæ Pariſiorum, 1729. Thibouſt.

Brinon. ___ *Vz.* Caligny.

Briſſart , Fermier-Général. Paris de Bure , 1753. *in 8º.*

Britannique, ou hiſtoire des ouvrages des Sçavans de la Grande-Bretagne depuis Avril 1733. juſqu'en Décembre 1743. La Haye, 1733. & ſuivantes. 26. vol. *in-12.*

The British Library (la Bibliotheque de British. London, 1737. *in-8º.*

Brixia (ſpecimen variæ Litteraturæ quæ in urbe Brixia ejuſque ditione paulò poſt Typographiæ incunabula florebat à finiente ſeculo 15. ad medietatem uſque ſeculi 16. Brixiæ (Breſce ville de Lombardie) 1739. 2. vol. *in-fol.*

* Brochard (Muſeum ſelectum) ſive Catalogus Mich. Brochard. Pariſiis, Martin, 1729. *in-8º.*

Broglie (Marquis de) Lieutenant-général. Paris, 1752.

Le Brun Ecuyer. Paris , Oſmont , 1743.

Brunet

Brunet de Molan. Paris, Villette & de Lespine , 1733.

—— Id. 1734.

, De Bry (Joannis Th. de Bry) Bibliotheca Chalcographica. Francof. 1601 *in-4°.*

Bucardi Gotthelffi Struvii Sel cta Bibliotheca Hiftorica. Ienæ , 1705. *in-8°.*

—— Id. Librorum rariorum. Ienæ , 1719. *in-4°.*

Bullion , Comte d'Efclimont Prevôt de Paris. Barrois, 1753. *in-8°.*

* Bulteliana (Bultaut) Parifiis, Giffard & Martin, 1711. 2. vol. *in-12.*

Bumaldi Bibliotheca Bononienfis. Bononiæ , 1641. *in-24.*

Bunavianæ (Catalogus Bibliothecæ) Lipfiæ 1750. *in-4°.*

Bunno (Comte de)

Burette Medecin , & de l'Académie des Infcriptions & Belles-Lettres. Paris Martin, 1748. *in-12.* 4. vol.

B * * * (Ancien Avocat au Parlement. Paris , Merigot. 1757. *in-8°,*

C A.

Cacocephalus , five de plagiis opufculum Authore R. P. I. S. Joan. Sallier) Matifconæ , 1694. *in·12.*

CA.

Cæfarea Vindobonenfi. Uindobonæ, 1665. & fuiv. 7. vol *in-fol.*

Calcographica (Bibliotheca Sebaftiani Furki feu Icones virorum virtute ac eruditione præftantium *in-4°.*

Caligny (Brinon de) Paris, 1739. *in-8°*

Du Cambouft-Coaslin Evêque de Metz, 1739. Barrois *in-12.*

Camilliana (de Camilly) Archiepifcopi Turonenfis. Parifiis, Ofmont & Martin, 1726.

De Campagne, Paris, 1738. 12. vol. *in-12.* fe continue 1757.

____ La même ou amufemens de l'efprit & du cœur. La Haye, 1749. 18. vol. *in-12.*

Camufet, Fermier-Général. Paris, Damonneville, 1753.

De Cangé. Paris, 1733. *in-12.*

Canonique (Bibliotheca juri Canonici feu collectio Canonum Ecclefiafticorum Grec. & Lat. cum notis & Latina verfione ex edit. Guil. Voelli & Henr. Suftelli. Paris, 1661. 2, vol· *in fol.*

____ Juftelli Bibliotheca juris Canonici. Paris, 1671 2. vol. *in-fol.*

—— P. Pithœi corpus Juris Canonici. Parisiis, 1687. 2. vol *in-fol.*

Canonique, contenant par ordre Alphabétique toutes les matiéres Eccléfiaftiques & Beneficiales qui ont été traitées par Bouchel, nouv. édit. augmentée par Blondeau. Paris, 1689. 2. vol. *in-fol.*

—— Id. Paris, 1699. 2. vol. *in-fol.*

Cantemir (Prince de) Paris, Briaffon, 1745.

Capucins (Bibliotheca Scriptorum Ordinis fancti Francifci Capucinorum. Venetiis, 1747. *in-fol.*

Cardeniana (Bibliotheca.

Carmelitana (des Carmes) Notis criticis & differtationibus illuftrata, curâ & labore unius è Carmelitis, le P. Cofme de Villiers de faint Etienne, Carme de la Province de Touraine. Paris, Defprez, 1752. & Orleans, chez Couret de Villeneuve. 2. vol. *in-fol.*

Carpentier, Tréforier de France, Paris, Martin, 1732.

Carpentier des Tournelles Auditeur des Comptes. Paris, Prault fils, 1739. *in-*12.

Caffini Maître des Comptes de l'Aca-

Cæfarea (Lambecius de Bibliotheca

démie des Sciences. Paris , de Laguette 1756. *in-8°.*

Le Cat Chanoine de Liege. Paris , Clouzier , 1730.

Cavelier Bibliotheque Alphabétique. Paris , Cavelier , 1729.

De Caumartin , Evêque de Blois (Jean François Paul Le Fevre de) Paris , Guerin & Barrois 1734. *in-*12.

Caumont. ___ *Vz.* Fortiana.

De Caylus (Comtesse de) 1729.

Chalcographica clariffimorum virorum, Collectore Boiffardo Sculptore Theod. de Bry. Francof. 1650. 2. vol *in-*4°.

Chaldeorum (Catalogus Librorum) Latine ex Syriaco Hebraïce Metropolitæ converfus per Abraham Echellenfem , cum notis & textu Syriaco. Romæ , 1653. *in-*8°. ___ Le même en François. Rome 1653. *in-*12.

___ Imbonati (Caroli Jofephi) Bibliotheca Latino Hebraïca. Romæ , 1694. *n-fol.*

Charoft (Chevalier de) Paris , 1742. *in-*8°.

Charpentier Curé de faint Leu. Paris , Martin , 1752 *in-*12.

Charron. ___ *Vz.* Menarfiana.

CH.

Chartraine ou le Traité des Auteurs &
des Hommes Illuftres de l'ancien Diocèfe
de Chartres , par Dom Jean Liron. Paris , 1719. *in-*4°.

Chatelain Libraire. Amfterdam & Francfort.

Chauvelin , Préfident à Mortier. Paris ,
Damonneville, 1754.

Chauvin (Petri) Regii Medici. Parifiis , 1714. *in-*12.

Chimiques. ___ *Vz.* Philofophes.

Chirurgica. Genevæ , Crammer , 1721.
2. vol. *in-fol.*

Choifie , contenant des Remarques Hiftoriques & Critiques pour la connoiffance
des Livres & des Auteurs, par Paul Co-
lomiès. La Rochelle , 1682. *in-*12.

___ Id. feconde édition. Amfterdam ,
1699. *in-*8°.

___ La même , nouvelle édit. Paris,
Guerin avec des Notes de Mrs Bordelot
& de la Monnoye & autres , 1731.
*in-*12.

___ Selectiffima. Hagæ - Comitum ,
1749. *in-*8°.

Nouvelle Bibliotheque choifie où l'on
fait connoître les bons Livres en divers
genres de Littérature. (Par N. J. C. Barat)
Amfterdam, 1714. 2. vol *in-*12.

CH. CL. CO.

Choisie pour servir de suite à la Bibliotheque universelle, par *Le Clerc*. Amsterdam, 1703. à 1713. 28. vol. *in-*12.

___ *Vz*. Bibliotheque ancienne.

___ *Vz*. Bibliotheque universelle.

Chymica. ___ *Vz*. Borelli.

Ciaconii (F. Alphonsi) Bibliotheca continens Libros & Scriptores fermè cunctos ab initio mundi ad annum 1583.

Citaux (Caroli de Visch Bibliotheca Scriptorum Sacri Ordinis Cisterciensis, cum Chronologia Monasteriorum. Coloniæ, 1650. *in-*4°.

Classica (Georgii Draudii Bibliotheca Classica. Francofurti, 1625. 3. vol. *in-*4°.

Clementis (Claudii) exstructio, cura, usus Musei sive Bibliothecæ ; accedit descriptio regiæ Bibliothecæ sancti Laurentii Escurialis. Lugduni, 1635. *in-*4°.

Cloche. Paris, 1708.

Cluniacensis, per Mart. Marrier & And. Quercetanum. Paris, 1614. *in fol.*

Coaslin, Evêque de Mets, Paris, 1733.

Cochet de saint Vallier. Paris, Barrois fils, 1739.

Coisliana. P. B. de Montfaucon. Parisiis, 1715. *in-fol.*

Colbert (Nicolaus) Rothomagensis

C O.

Archiepiſcopus. Pariſiis , Nyon , 1708.

Colbertina (Colbert) Pariſiis , Martin , 1728. 3. vol. *in-*12.

Colbert (Carolus Joachim) Epiſcopus Montiſpeſſullanus , Toloſæ , 1740. 2. vol. *in-*8°.

Collande (Marquis de) Paris , 1753.

Colomeſii (Pauli) opuſcula. Pariſiis , Cramoiſy , 1668. *in-*12.

Colomiez. ——— *Vz.* Bibl. choiſie ci-deſſus.

Cometiana (le Comte) Paris , *in-*8°. de Bure & Montalan.

Comicorum Grecè & Latinè , per Jacob. Tertelium. Veronæ. 1616.

Commelinus (Catalogus Librorum quos vel excudit Commelinus vel quorum exemplaria ad ſe recipit : accedunt codices Mſs. ex ejus Bibliotheca. Ex Bibliop. Commelin. 1599. *in-*8°.

Comicorum (Bibliotheca quinquaginta vetuſtiſſimorum Comicorum quorum opera integra non exſtant, Græce & Latine, per Jacobum Herculeum. Veronæ , 1616 *in-*8°.

Concionum edente Georg. Bartholdo Pontano, Coloniæ Agrip. 1625. 2. vol. *in-fol.*

F iv

C O.

Concionatoria. ——— *Vz*. Patrum.

Conringius de Bibliotheca Augusta Wolfenbuttelenfi. Helmeft. 1661. *in*-4°.

Controlleur du Parnaffe, ou nouveaux Mémoires de Littérature Françoife & étrangére. Berne, 1745. 3. vol. *in*-12.

Coquelet. Paris, Bauche, 1754. *in*-12.

Coquilles (Catalogue raifonné de) & curiofités naturelles avec une lifte des principaux cabinets de la France & de la Hollande, & une lifte des Auteurs qui ont traité de cette matiére, par Gerfaint. Paris, 1730. *in*-12.

——— Coquilles. *Vz* Eftampes.

——— *Vz* Tableaux. ——— *Vz* Curiofités.

Corberiana, Parifiis, 1656.

Corbiniana, Parifiis, 1654.

Cordefiana, Parifiis, Vitray & Saunier, 1643. *in*-4°.

Cornuau, Doctoris Sorbonici. Parifiis, 1731. Ofmont & Martin.

Coffard. Totius Galliæ onus ex Joachimi Abb. opere felectum ex Bibliotheca V. Coffardi, 1587. *in*-12.

De la Cofte, Doctoris Parifienfis. Parifiis, 1722.

Cottin, Prêtre, 1735. avec les prix.

Cottin, Bachelier en Theologie, Curé

CO. CR.

du Châtelet Diocèse de Sens. Paris, Martin, 1735.

———— Id. 1741.

Cottoniana (Catalogus Librorum manu-scriptorum Bibliothecæ Cottonianæ Authore Thoma Smith. Oxonii, 1696. *in-fol.*

Coucicault. Paris, Martin, 1742.

Couet de Montbayeux Ædilis Parisiensis. Parisiis, Jolain, 1734.

Couet, Chanoine de Notre-Dame. Paris, Barrois, 1737. *in-*12.

Cour (Bibliotheque des gens de) par Gayot de Pitaval. Paris, le Gras, 1722. 5. vol. ——— La même, Paris, 1732. 6. vol. *in-*12.

———— La même, Paris, 1746. 7. vol. *in-*12.

Courcier, Theologal & Chanoine de Notre-Dame. Paris, Barrois, 1740.

Le Cousturier de Mauregard. Paris, Martin, 1748.

Des Coutumes, par Cl. Beroyer & Eusebe de Lauriére. Paris, 1699 *in-*4°.

Gouvai, Secretaire du Roi. Paris, 1728. *in-fol.*

* Le même, Paris, Damonneville, 1755. *in-*8°. avec la table des Auteurs.

Cremone (Franc. Arisii Cremona Litterata, seu in Cremonenses Doctrinis &

Litterariis dignitatibus eminentiores chronologicæ adnotationes. Parmæ, 1702. & 1706. 2. vol. *in-fol.*

Crenii (Thomæ) differtatio de Turonibus Librariis. Lugduni - Batav. 1705. *in-8°.*

Creve-cœur (feu Madame la Préfidente de) Paris, Martin, 1758. *in-8°.*

Critique, par M. de Sainjore (Richard Simon) Paris, 1708. 4. vol. *in-12.*

——— La même ou recueil de diverfes piéces critiques dont la plûpart ne font point imprimées. Bafle, 1709. 4. vol. *in-12.*

——— Id. Amfterdam, 1710. & 1714. 6. vol. *in-12.*

De la Croix (feu M. l'Abbé) Chanoine de Paris. Paris, Prault, 1738.

Croix du Maine (François Grudé de la) contenant un Catalogue général de toutes fortes d'Auteurs qui ont écrit en François depuis 500. ans & plus. Paris, 1584. *in-fol.*

Crozat (defcriptions des deffeins du Cabinet de feu M.) Paris, Mariette, 1741.

Crozat de Tugny. Paris, 1751. *in-8°.*

Cuperana. Daventiæ, 1717. *in-12.*

Curieufe & inftructive (par le P. Me-

CU. D A. D E.

neftrier) Trevoux, Boudot, 1704. 2. parties en un vol.

Curieufe hiftorique & critique, ou Catalogue raifonné des Livres difficiles à trouver, par David Clement. Gottingen, 1750. & fuiv. 6. vol. *in-4°.*

D A.

DAlmanniana, Hagæ-Comitum, 1723. *in-8°.*

Des Dames, traduite de l'Anglois de Rich. Steel, par Janiffon. Amft. 1716. 2. vol *in-12.*

———— La même, 1719. 3. vol. *in-12.*

———— La même, 1727. 3. vol. *in-12.*

Danemarck (Alb. Bartolini de fcriptis Danorum Liber Pofthumus editus à fratre Th. Bartholino. Hafniæ, 1666. *in-8°.*

Danès, Docteur de Sorbonne. Paris, Ofmont, 1738.

Danty Difnard, Médecin. Paris, Martin, 1744. *in-12.*

Daudeman, payeur des rentes. Paris, Martin, 1751.

David de Villeneuve. Paris, Martin, 1745. *in-8°.*

Dauphiné (Bibliotheque de) par Guy Allard. Grenoble, 1681. *in-12.*

Deckeri (Joannis) conjecturæ de fcrip-

tis adefpotis , Pfeudegigraphis & Suppo-
fititiis. Amftel. 1686. *in-*12.

De Lan (l'Abbé) Docteur & ancien Profeffeur en Théologie de la Maifon & Société de Sorbonne. Paris , Barrois, 1755.

Delpech de Cailly , Préfident en la
Cour des Aydes. Paris , Bauche 1738.

Delpech de Merinville , Confeiller en
la Grand'Chambre. Paris , 1738. Pepin-
gué & Rouan.

Defmarets , Regni adminiftri. Parifiis ,
1721. *in-*12. Martin & Boudot.

Defprez , Curé de la Paroiffe du Roulle.
Paris , Prault , 1738.

Diamans (Catalogue des) Brillants,
&c. de S. A. S. Madame l'Archiducheffe.
Bruxelles , Frick , 1742. *in-*8°.

Diodori Siculi, Bibliotheca Græca Latina. Amftel. 1746. 2. vol. *in-fol.*

Dodard , Archiatri Regii. Parifiis , 1731.
*in-*8°.

Dodun , Tréforier Commandeur des
ordres du Roi. Paris, 1737.

Van Dole (Catalogus Ant. Van Dole.
Hag. Com. Swart 1743. *in-*8°.

Dominicana (Bibliotheca) Ambrofii de
Alta Mura, Romæ. Parif. Cramoify , 1678.
in-fol.

Draudii (Georgii) Bibliotheca Claf-

DR. DU. EC.

fica, five Catalogus Officinalis Librorum Theolog. Hebraicor. Juridicor. Medicor. & Chymicor. Franco-Furti, Hoffman, 1611. *in*-4°. ——— Eadem Franco-Furti, 1625. *in*-4°.

Droit (Bibliotheque Hiftoriq. & Chronol. des Auteurs de Droit, par Denis Simon. Paris, 1695. 2. vol. *in*-12.

Du Droit François, par Bouchel avec des Nottes de Bechefer. Paris, 1667. 3. vol. *in-fol.*

——— La même, Paris & Lyon, 1674. 3. vol. *in-fol.*

Droit Civil & Canonique (des Auteurs & Interprètes du) par Denis Simon. Paris, 1692. & 1695. 2. vol. *in*-12.

Duché Durbain (Lud. Jacobilli Bibliotheca Umbriæ five de Scriptoribus Provinciæ Umbriæ. Fulginiæ., 1658. *in*-4°.

Du Fort, Fermier-général. Paris, Prault fils 1758.

Du Gués Bagnols Confeiller d'Etat. Paris, 1753.   Du Tot, Paris, 1741.
E C.

ECclefiaftica (Anaftafii Bibliothecarii Romani Hiftoria Ecclefiaftica, five Chronographia tripartita, ex Georg. Syncello, Nicephoro & Theophane excerpta Gr. Lat. recenfita, notis ac gloffariis mixobarbaris illuftrata à Carolo Annib. Fa-

E C.

broto. Parifiis, Typ. Regia 1649. *in fol.*

Ecclefiaftica (magna Bibliotheca) five notitia Scriptorum Ecclefiafticorum veterum ac recentiorum ordine alphabetico. Coloniæ Allobrogum, 1724. *in-fol.*

___ *Vz* Canonique.

Ecclefiaftica fancti Hieronimi, & aliorum, edita, aucta, illuftrata à Jo. Alb. Fabricio. Hamburgæ, 1718. *in-fol.*

___. Id. Jo. And. Bofii fchediafma de comparanda notitia Scriptorum Ecclefiaft. Ienæ, 1673. *in-4°.*

___ Phil. Labbe de *Scriptoribus* Ecclefiaft. quos attigit Bellarminus differtatio philologica & hiftorica. Paris, Cramoify 1660. 2. vol. *in-8°.*

___ And. du *Sauffay* continuatio Bellarmini de Scriptoribus ab anno 1500. ad 1600. Tulli Leucorum (à Toul) Laurents, 1665 *in* 4°.

___ Guill. Cave Chartophilax Ecclefiafticus quo propè M. D. Scriptores Ecclefiaftici à Chrifto nato ad annum 1517. recenfentur. Accedunt Paralipomena Pauli Colomefii, differt. de Photii fcriptis & paffio S. Victoris Maffilienfis. Lipfiæ, 1687. *in* 8°.

___ Ejufdem Cave Scriptorum Ecclefiafticorum Hiftoria Litteraria à Chrifto

E C.

nato ufque ad feculum XIV. facili me-
thodo digefta ; cum appendice ad ann.
1517. accedunt ejufd. Cave differtationes
novæ. Genevæ, 1705. *in-fol.*

—— Jo. Gottfridi Olearii Bibliotheca
Scriptorum Ecclefiafticorum edita cum
præfat. Jo. Fr. Budei. Ienæ, 1711. 2. t.
en 1. volume *in-4°*.

Cafimiri Oudin Commentarius de
Scriptoribus Ecclefiæ antiquis ad annum
M. CCCC. LX. Lipfiæ, 1722. *in-fol.*
3. vol.

Eccléfiaftiques (des Auteurs) jufqu'au
XVIII. fiécle, par Louis Elie du Pin.
Paris, Pralart, 1688. *in-8°*. & fuiv. 44.
vol. *in-8°*. & autres ouvrages. —— Id. Paris, 1698. 57. vol. *in 8°*.

—— Id. avec la continuation de M.
C L. Pierre Goujet, & les differtations
fur la Bible. Paris, Pralart, 1698. & fuiv.
53. vol. *in-4°*.

—— La même, 1726. & fuiv. 67. vol.
in-8°.

Critique de la Bibliotheque de Dupin,
par Richard Simon. Paris, 1730. 4. vol.
in-8°.

—— Critique abrégée. Id. par J. G.
2. vol. *in-12*.

—— Des Auteurs Ecclefiaftiques, par

EC. ED. EL. EN. ES.

Dom Ceillier. Paris, 1728. & suiv. 21. vol. *in-*4°.

_____ Des Auteurs Ecclésiastiques, par Dupin. Paris, 65. vol. *in-*8°.

_____ M. Dupin, Auteur de la Bibliotheque Ecclésiast. condamné par lui même, par M. l'Archevêque de Paris, & par le Parlement. Paris, Muguet, 1698. *in* 8°.

_____ Rob. Coci censura quorumdam Scriptorum Ecclesiasticorum. Lond. 1623. *in-*4°

_____ *Vz* Miræi. Bib.

Edingiana Bibliotheca. Lugduni Batavorum, 1721. *in-*12.

Elzevir (Catalogus Librorum Officinæ Elzevirianæ. Lug. Bat. 1628.

Elzevirii (Catalogus Librorum Bibliopol.) Amsterdam, 1674. *in-*12.

Des Enfans, ou les premiers élémens des Lettres, contenant le systême du Bureau Typographique. *in-*12.

_____ La même, Paris, 1733. *in-*4°.

Engel (Samuel) Bibliothecarius Bernensis, Bernæ, 1743. *in* 8°.

Enjouée, ou nouvelles Savantes, Satyriques & Galantes. Paris, 1703. *in-*12.

Esnault, Curé de saint Jean en Greve. Paris, 1742.

Espagne

E S.

Espagne (Hispaniæ Bibliotheca , per Peregrinum. Franco-Furti , 1607 *in-4°*.

Espagne (Bibliotheca Hispaniæ , Auctore A. S. (Andreâ Scotto) Françof. 1608. *in-4°*.

—— Nic. Antonii Bibliotheca Hispana vetus & nova. Romæ, 1686. 2. tom. en 1. vol. *in-fol.*

—— Ejufdem Bibliotheca Hispana nova. Romæ, 1672. 2. vol. *in-fol.*

Espagne (Nicolai Antonii) Bibliotheca vetus ab Octavi Augusti Imperio usque ad annum M. D. Romæ , 1696. *in-fol.* 2. vol.

—— Ejufdem Bibliotheca Hispana nova complectens Scriptores qui post annum M. D. usque ad presentem diem floruere. Romæ, 1672. *in-fol.* 2. vol.

—— Gerhardi Ernesti de Franc - Kenau Bibliotheca Hispanica Historico - Genealogico-heraldica. Lipsiæ 1724. *in-4°*.

Essais de Littérature pour la connoissance des Livres depuis l'année 1702. jufqu'en 1704. inclus avec les supplémens de Pierre Faydit & les remarques du fieur Peltreftre. Paris , 1602. & fuiv. 6. vol. *in-12.*

Estrade (l'Abbé d') Paris , Vaugon , 1715. *in-4°*.

ES. EU. EX. FA.

D'Eftrées, Maréchal de France. Paris, Guerin, 1740. 2. vol. *in-8°*. avec le fupplement d'eftampes, &c.

—— Médailles antiques & modernes du cabinet de M. le Maréchal d'Eftrées, 1740. br.

De l'Europe, par le Galois, *in-*12.

L'Europe fçavante. La Haye, 1718. à 1720. 12. vol.

Exotica, feu Catalogus Officinalis Librorum Peregrinis Linguis Ufuaibus fcriptorum. Francofurti. Oftern. 1625. *in-*4°.

Exquife (Bibliotheca exquifitiffima. Hag. Com. 1732. *in-*8°.

Exquife (Catalogue d'une Bibliotheque) La Haye, 1722.

Exquifitiffima infignium Librorum. Hag. Com. And. Moetiens, 1752.

F A.

FAbre, Prêtre de l'Oratoire. Paris, Mufier, 1754.

Fabricii (Joannis Alberti) Bibliotheca Græca, five notitia Scriptorum veterum Græcorum. Hamburgi, 1712. & fuiv. 14. vol. *in-*4°.

—— Ejufdem Fabricii Bibliotheca Latina IV. Edit. Hamburgi, 1712. & fuiv. 4. vol. *in-*8°.

—— Ejufdem Bibliographia Antiquaria. Hamburgi, 1716. *in-4°.*

Fabricii (Joannis) Hiftoria Bibliothecæ Fabricianæ. Volfenb. 1717. & fuiv. 5. vol. *in-4°.* —— Eadem, 1718. 6. vol. *in-4°.*

Fabricii Bibliotheca Latina. Londini, 1703. *in-8°*

—— Ejufdem Fabricii, Bibliotheca Latina mediæ & infimæ ætatis. Hamburgi, 1734. & 1735. 9. vol. *in-12.*

Fabricius (Jo. Alb. Fabricii) Delectus Argumentorum & Syllabus Scriptorum qui veritatem Religionis Chrift. adverfus Atheos, Epicureos, Deiftas, Idololatras, Judeos & Mahummedanos afferuerunt, præmiffa funt Eufebii Cæfarienfis prœmium & capita priora Demonftrationis Evangelicæ, Gr. Lat. quæ in editionibus hactenus defiderantur. Hamburgi, 1725. *in-4°.*

Fagon, Confeiller d'Etat. Paris, Bauche, 1744.

Faultrier (Joachimi) Abbatis B. Virginis Arduenfis. Parifiis, Marchand & Quillau, 1709. *in-8°.*

De la Farre, Maréchal de France. Paris, Martin, 1753.

* Fayana (Cifternay du Fay) Parifiis,

Martin, 1725. *in-8°.* cum pretiis, & indice Auctorum Alphabetico.

De la Faye. Paris, Bauche, 1741. *in-8°.*

Le Febvre, Receveur des tailles. Paris, veuve Robinot, 1752. *in-8°.*

Le Feron, Maître des Requêtes. Paris, Barrois, 1739.

Ferran, Conseiller d'Etat. Paris, Martin, 1731.

Ferrary (Charles) Avocat. Paris, 1730. *in-8°.*

Ferriot Ambassadeur. Paris, Prault fils, 1737.

Le Fevre. —— *Vz* Caumartin.

Le Fevre des Laubriéres, Evêque de Soissons. Paris, Barrois, 1740.

Fleury (l'Abbé de) Chanoine de l'Eglise de Paris. Paris, Martin, 1756.

—— Florence, Bibliothecæ Mediceo-Laurentianæ Catalogus abr. Ant. Mabiscionio ejusdem Bibliothecæ præfecto digestus (tom. 1. Codices Oriental. complectens) Florentiæ, 1757. Edente And. Petro Juliano. *in-folio.*

—— Id. *in-8°.* mais on n'y a ni Préface, ni Dissertations, ni Index, ni Planches, à un petit nombre près, pour donner l'idée des différentes écritures.

FL. FO. FR.

Floriacensis vetus. —— *V*₇. Benedictina.

Folliard Ecclesiæ Matisconensis Decanus.

Fontainebleau (Discours au Roi sur le rétablissement de la Bibliotheque Royale de Fontainebleau , par Abel de sainte Marthe , Paris , 1660. *in-*4°.

Fortiana (la Force) seu Catalogus Librorum Jacobi Nompar de Caumont, Ducis de la Force. Parisiis , Robinot & Morel , 1727.

Du Four. —— *Vz* Longuerue.

Fourcy. Paris , Martin , 1713.

—— Id. 1730. —— Id. 1737.

Fourcy , Abbé de saint Wandrille. Paris , Martin , 1754.

Fourmont , Catalogue des ouvrages de M. Fourmont l'aîné. Paris , 1731.

—— Des Livres du même. Amsterdam , 1731. *in-*12.

La France sçavante , id est Gallia erudita critica & experimentalis novissima seu conspectus triplex Chronologicus , personalis & realis Ephemeridum eruditorum in Gallia evulgatarum ab anno 1665. ad 1681. per Cornelium à Beughem digestus. Amst. 1683. *in-*12.

La France sçavante , Acta eruditorum

F R.

publicata Lipſiæ ab anno 1682. & ſuv.
64. vol. *in-4°.*

France (Bibliotheque des Auteurs qui
ont écrit l'Hiſtoire & Topographie de la
France , par André Ducheſne. Paris ,
1618. *in-8°.* —— Id. 1627.

—— La même en Latin. Paris , 1663.
in-12.

—— Générale des Auteurs de France du
Dioceſe de Chartres , par Dom Jean Liron. Paris , 1719. *in-4°.*

—— Hiſtorique de France contenant
le Catalogue de tous les ouvrages qui
traitent de l'Hiſtoire de France avec des
notes Hiſtoriques & Critiques , par Jacques le Long Prêtre de l'Oratoire. Paris,
Martin , 1719. *in-fol.*

Françoiſe , par François Grudé , ſieur
de la Croix du Maine. Paris , 1584. *in-fol.*

Françoiſe , par Antoine du Verdier.
Lyon, 1584 *in-fol.* —— Id. 1586.

—— La même , par Ch. Sorel. Paris,
1664. *in-12.*

—— La même , 1667.

—— La même , par François Denis
Camuſat. Amſterdam , 1723. & années
ſuivantes ; 3. vol. *in-8°.*

Françoiſe , ou Hiſtoire Littéraire de
France. Amſterdam , 1735. & ſuivantes,
52. vol. *in-12.*

—— La même, par l'Abbé Goujet. Paris, 1740. & suiv. 16. vol. *in*-12.

Franck (Jo. Chriſtoph) Bibliotheca noviſſima obſervationum ac recenſionum. Halæ Magdeburgicæ, 1718. *in*-4°.

Du Freſne (Catalogus Librorum Bibliothecæ Raphaelis Triccheti Du Freſne. Pariſiis , 1662. *in* 4°.

Friſon de Blamont Procureur au Parlement de Paris, 1731.

Fritſchil (Catalogus Librorum. Lipſiæ, 1728. *in* 8°.

Frize (Comte de) Paris, Morel, 1756.

G A.

GAcon, Avocat au Parlement. Paris, Barrois 1737.

Gaffalelli (Jacobi) Index Codicnm Manuſcriptorum Cabaliſticorum, Joannis Pici Mirandulani. Pariſiis, 1651. *in*-8°.

Gaignat. Paris, Piget, 1739.

Gallica (Bibliographïa) Jacob. ſeu Catalogus Librorum in Gallia , anno 1646. excuſorum. Pariſiis, 1647. *in*-4°.

La Galiſſonniére Lieutenant - Général des armées du Roi. Paris, Damonneville, 1757 *in*-8°.

Gallois (Joannis) Pariſiis, 1710. *in*-12.

Gallois (Abbatis ſancti Martini Corenſis. Pariſiis, Seneuze, 1740.

GAGE.

Gallois (Traité des plus belles Bibliotheques de l'Europe, par le sieur le Gallois. Paris , 1680. *in-8°*.

—— Gaillot. ___ *Vz* Mandat.

Garnier & Bonnet , 1747. *in-8°*.

Gascq de la Lande , Thréforier de France. Paris , Martin , 1756.

Gaultier (l'Abbé) Paris , 1756. Didot. *in 8°*.

Le Gendre , Patroni. Parifiis , Emery , 1726.

Le Gendre de faint Aubin. Paris , Gandouin , 1726.

Le Gendre de Collande , Maréchal de Camp , 1738.

Le Gendre d'Armeny. Paris , Prault fils , 1740.

Gendron , Médecin. Paris , Barrois , 1751.

Genes (République de) Auguft. Oldoini Athenæum Liguftinum feu fyllabus Scriptorum Ligurum nec non Sarzanenfium ac Cyrninfium Reipublicæ Gennenfis fubditorum. Perufiæ , 1680 *in 4°*.

Sainte Geneviéve (le Cabinet de la Bibliotheque de l'Abbaye de) par Claude du Molinet avec figures. Paris , 1692. *in-fol*.

Genlis, Chanoine de Peronne , 1738.

G E.

Des Gens de Cour , par Gayot de Pitaval. Paris , 1722. à 1725. 5. vol. *in-8°*.

Geoffroi Doctoris Médici. Parisiis , Martin , 1731. *in-8°*.

Geoffroy de l'Académie des Sciences , Paris , Martin , 1754.

Géographique (Alph. Lasor à Varea Universus terrarum orbis Scriptorum calamo delineatus , hoc est Authorum qui de Europæ , Asiæ , Africæ & Americæ regnis , moribus , &c. Scripserunt Elenchus : cum figuris. Patavii , 1713. 2. vol. *in-fol.*

Germanica (Swertii Athenæ Belgicæ sive Scriptores inferioris Germaniæ. Antuer. 1628. *in-fol.*

Germanica, Hertzii Bibliotheca, sive notitia Scriptorum rerum Germ. Erfurti , 1679. *in-fol.*

Germanique ou Histoire Littéraire de l'Allemagne & des pays du Nord, 1720. à 1741. 50. parties en 25. vol. *in-8°*.

Nouvelle Bibliotheque Germanique depuis 1746. jusqu'en 1750. Amsterdam , 1746. & suiv. 12. vol. *in-12.*

Germond. Paris, Martin , 1756.

Gersaint (Catalogue des Livres, Tableaux, Estampes, &c. de M.) Paris, 1751. *in-8°*.

Gesner (Gesneri Conrati) Bibliotheca univesalis, sive Catalogus omnium Scriptorum Locupletissimus in tribus Linguis Latina , Græca , Hebraïca extantium & in Bibliothecis latentium. Tiguri, 1545. *in-fol.*

____ Ejusdem Pandectarum sive partitionum universalium Libri XIX. ibid. 1548.

Conr. Gesneri Bibliotheca. Tiguri, 1545. & 1548. 2. vol. *in-fol.*

—— Josiæ Simleri & Joannis Frisii Epitome Bibliothecæ Conradi Gesneri. Tiguri , 1574. *in fol.*

—— Id. 1583. *in-fol.*

Giornale de Letterati , &c. —— *Vz.* Journaux.

Girardot de Prefont. Paris , de Bure, 1757. *in-8°.*

Giraud (Joannis) Parisiis , Robustel , 1707. *in-12.*

* Giraud de Moucy. Paris , Barrois , 1753. *in-8°.*

Glatigny (Catalogus Librorum D. D. Gabrielis) Lugduni, apud Fratres Duplain, 1755. *in-8°.*

* Glucq de saint Porcq, Conseiller honoraire au grand Conseil. Paris , Prault, 1749. *in-8°.*

GO. GR,

Godefroy (Catalogue raifonné des Tableaux , Diamans , &c. de la fucceffion dem.) par Gerfaint. Paris, Prault pere.

Godefroy (Ecuyer Avocat au Parlement. Paris, Barrois , 1746. *in-8°.*

Goefbriant (Marquis de) Paris , Barrois , 1746.

Goiflard de Monfabert , Confeiller au Parlement. Paris , Bauche , 1734. *in-12.*

Goiflard , Doctoris Theologi. Parifiis , Martin , 1725.

Gougnon (le Chevalier) Bourges.

Goujet. _____ *Vz.* Françoife.

Le Goux de la Rochepot , Confeiller d'Etat. Paris, 1738.

Gouy , Avocat au Parlement. Paris , Martin , 1737. avec les prix.

Græca, Jo. Alberti Fabricii Bibliotheca Hamburgi , 1718. 14. vol. *in-4°.*

Græca Divi Marci Bibliotheca Codicum Manufcriptorum. Venetiis , 1740. *in-fol.*

Græcorum Patrum Auctarium noviffimum , per Francifc. Combefis. Parifiis , 1672. 2. tom. en 1. vol *in-fol.*

* Du Grand Confeil (difpofé par l'Abbé Boudot. Paris , Simon fils , 1739. *in-8°.*

Des Grands (Cabinet ou Bibliotheque) contenant des remarques fur tous les

GR. GU. H Æ. H A.

Etats fouverains , par Gedeon Pontier. Paris, 1687. 2. vol.

—— La continuation du Cabinet des Grands. —— Id. 1691.

La Grange Trianon (l'Abbé) Paris , Barrois , 1737.

Gravelle , Catalogue des Livres & Eftampes de M.) Paris , 1752. *in-*8°.

Gros. ——— *Vz.* de Boze.

Grudé. ——— *Vz.* La Croix du Maine.

Gualteri. ——— *Vz.* Slufiana.

Gudii Marq. Bibliotheca. Hamburgi , 1706. *in-*4°.

Guichard , Huiffier Prifeur au Châtelet. Paris, Bauche , 1756. *in-*8°.

Guyot de Monchougni Secretaire du Roi. Paris , Prault , 1731.

H Æ.

H Æreticorum (Catalogus Conrardi Schuffelburgii in quo Servetianorum & Sanguinariorum , Hypocritarum, &c. blafphemiæ, errores & argumenta reperiuntur. Franco - Furti , 1599. 4. vol. *in-*12.

Hall , (Abraham) 2. vol *in-*8°.

Hallé. Paris, 1730. *in-*8°.

Hallervodii (Joannis) Bibliotheca curiofa in quâ plurimi rariffimi & paucis

HA. HE.

Cogniti Scriptores indicantur. Francof. 1676. *in-*4°.

Hanqueville Docteur de Sorbonne. Paris, 1738.

Hanson (Erid. Ad. Hansen ab Ehreneron Bibliotheca. Hag. Com. 1718. *in-*8°.

Harcourt Maréchal de France. Paris, Bauche, 1750.

De Harlay M. de Vieubourg. Parisiis, Martin, 1735.

Harleianæ (Catalogus Bibliothecæ Harleianæ. Lond. 1643. 2. vol. *in-*8°.

―― Id. 1748. 4. vol. *in-*8°.

La Haye (Catalogue des Livres & Estampes de feu M. de) Lille 1741.

* La Haye, Fermier - Général. Paris, Martin, 1754. *in-*8°.

Haym (Nicol.) Notizia de Libri rari nella Lingua Italiana. Londra, 1726. *in-*8°.

―― Id. Venezia Angiolo Geremia, 1728. *in-*4°.

Hebraïca. ―― *Vz.* Imbonati.

Hecquet Médecin. Paris, Martin, 1737.

Hensiana. Lug. Bat. 1682. *in* 8°.

De Hericourt, Avocat au Parlement. Paris, Martin, 1753. *in-*12,

D'Hermand, Ingénieur. Paris, Martin, 1739.

—— Id. Estampes & Desseins, 1739.

Hermanni (Christophori Augusti) de Libris Anonymis Schediasma. Ienæ, 1711. *in-*8°.

Hervé, Secretaire du Roi. Paris, Martin, 1733.

Hispania. —— *Vz.* Espagne.

Introduction à l'histoire des principales Bibliotheques de Paris, par Daniel Maichel imprimé en 1921. *in-*8°. *Vz.* Mercure de Juillet 1729. pag. 1587.

Histoire des ouvrages des Sçavans depuis le mois de Septembre 1687. jusqu'au mois de Décembre 1699. inclusivement par Henri Basnage de Beauval. Rotterdam, 1687. 17. vol. *in-*12.

—— Id. Burc. Gotthelffii Struvii Bibliotheca Historica Selecta. Ienæ, 1705. 1. tom. en 2. vol.

—— Id. du XVII. siécle, Christianii Gryphii dissertatio de Scriptoribus Historiæ seculi XVII. Lipsiæ, 1710. *in-*8°.

Historiale de Nicolas Vignier. Paris, 1750. 4. vol. *in-fol.*

—— La même, 1587. —— Id. 1650.

Des Historiens de France, par Duchesne. Paris, 1627. *in-*8°.

Des Historiens (Bibliotheque univer-

felle des Hiftoriens, par Louis Ellies Dupin. Paris, 1707. 2. vol. *in* 8°.

—— Id. Amfterdam, 1708. *in-*40. 1. vol.

—— *V*. Univerfelle.

Hiftorique des Auteurs de Droit, par
Denis Simon. Paris, 1692. *in-*12.

Hiftorique (Pauli Bolduani Bibliotheca
Hiftorica, five Elenchus Scriptorum Hfto-
ricorum & Geographicorum. Lipfiæ ,
1620. *in-*4°.

—— Id. Corn. à Bughem Bibliographia , Hiftorica , Chronologica, & Geo-
graphica; accedit ejufdem mufeum ico-
num feu imaginum Virorum Illuftrium.
Amftel. 1685. *in-*12.

—— Burcardi Gottheffi Struvii felecta Bibliotheca Hiftorica. Ienæ, 1705. *in-*8°.

—— Diodori Siculi Bibliotheca Hiftorica , Gr. Lat. interprete Laurentio Rho-
domano , nova editio ex receufione Petri
Weffelengii. Amftelodami , 1746. 2. vol.
in-fol.

—— Hiftoire univerfelle de Diodore de
Sicile , trad. du Grec, par l'Abbé Terraf-
fon. Paris, 1737. 7. vol. *in-*12.

Hohendorfiana (George Guillaume Baron d'Hohendorf) La Haye de Hondt ,
1720. *in-*8°.

L'Homme d'un Livre ou Bibliotheque

dans un feul petit Livre , par Eudes de l'Arche. Leyde, 1718. *in-*12.

De Hondt, Libraire à La Haye 1737. *in-*8°. par Lettre Alphabétique.

Houel (l'Abbé) Paris , 1735. *in-*12.

Hoym-Comitis de) Parifiis , Martin, 1738 *in-*8°.

Huguenin, premier Commis de la Police. Paris, Martin , 1755.

Huguet de *Semonville* , Senatus Parifienfis Decani. Parifiis , 1732. avec le fupplément , Martin & Bauche.

Hulfiana. Hag. Com. 1730. 4. vol. *in-*8°.

D'Huxel , Maréchal de France. Paris, 1730. *in-*8°.

Hyde (Thomæ) Oxoniæ , 1674. *in-fol.*

J A.

JAnfenifte (par le P. Colonia , feconde édition. Lyon , 1731. 2. vol *in-*12.

—— La même avec la réponfe. Bruxelles, 1739. 3. vol *in-*12.

—— La même, quatriéme édit. Bruxelles , 1740. 2. vol. *in-*12.

—— Réponfe à la Bibliotheque Janfenifte avec des remarques. Nancy , 1740. *in-*12.

Phil. Labbe Bibliotheca Antijanfeniana. Parifiis , 1654. *in-*4°.

Jan-

JA. JE. IM. IN.

Janſonianæ (Catalogus Librorum Offi-cinæ Janſonianæ. Amſtel. 1650. *in-8°.*

Janſonii (Theodori) ab Almeloveen Bibliotheca promiſſa & latens ; accedunt Geor. Hieron. Velſchii de ſcriptis ſuis ineditis Epſtolæ. Gændæ, 1688. *in-8°.*

Janſonius à Waesberge (Ægidius) Gedani, Dantzick, 1697. *in-8°.*

Des Jéſuites de Paris (Siſtema Bibliothecæ Collegii Pariſienſis Societatis Jeſu (Autore Joanne Garnerio) Pariſiis, 1678. *in-4°.*

___ Id. Phil. Alegambe Bibliotheca Scriptorum Soc. Jeſu poſt Petr. Ribadeneiram concinnata ad an. 1642. Antuerpiæ, 1643. *in-fol.*

___ Eadem continuata per Natanaelem Sotvellum uſque ad ann. 1675. Romæ de Lazzaris, 1676. *in - fol.*

Jéſuitique 1726.

Imbonati (Caroli Joſephi Bibliotheca Latino-Hebraïca five de Scriptoribus Latinis qui contra Judæos vel de re Hebraïca ſcripfere. Romæ, 1694. *in-fol.*

Impartiale, par M. Formey. Leyde, 1750. 15. vol. *in-8°.* (Paris Briaſſon.)

Imperialis (Joſephi Renati) Cardinalis. Romæ. 1711. *in-fol.*

Inderveldiana (Joannes Waltherus

Indervelde. Hagæ Com. Moetiens &
de Haen, 1737.

Index Librorum prohibitorum, Coloniæ, 1627. *in-8°*.

——— Id. Romæ 1667. *in-fol*.
——— Id. Matriti 1667. *in-fol*.

Index Librorum prohibitorum & expurgandorum noviſſimus juſſu Ant. à Sotomajor editus. Madriti, Diaz 1667. *in-folio*.

Index Librorum prohibitorum Clementis X. Pontificis maximi juſſu editus. Romæ, 1670. *in-douze*.

Index Librorum prohibitorum Innocentii XI. S. Pont. juſſu editus uſque ad ann. 1641. &c. Romæ, 1704. *in-8°*.

——— Index expurgatorius, Librorum, Argent. 1609. *in-8ᵒ*.

Journaux (le Journal des Sçavans digeré & publié en l'année 1665. par le ſieur Hedouville (Denis de Sallo Conſeiller au Parlement) & depuis 1666 incluſivement juſques & compris 1733. par Jean Gallois, l'Abbé de la Roque, Louis Couſin , Claude François Fraguier , & la compagnie des Gens de Lettres ſous les auſpices de M. l'Abbé Bignon & ſucceſſivement ſous les yeux de MM. les Chan-

J O. G I.

celiers d'Aguesseau & de Lamoignon.
Paris, 80. vol. *in-4°.*

Ce Journal se contrefait en Hollande
*in-*12. mais on y foure souvent des ana-
lyses & autres piéces qui ne peuvent être
que désavouées par les sages & habiles
Auteurs chargés à Paris de soûtenir cet
important travail.

Depuis 1724. inclusivement, on le pu-
blie à Paris *in-4°.* & *in-*12.

Table générale des matiéres contenues
dans le Journal des Sçavans. Paris, 1753.
7. vol. *in-4°.*

Journaux (Histoire Critique des) par
François Denys Camusat) Amsterdam, Bernard, 1734. *in-*12.

Giornale de Letterati dopo l'anno 1686.in-
fino al 1693. Parma e Modena 7.vol. *in-*4°.

Giornale de Letterati d'Italia dopo l'anno
1710. infino al 1727. Venetia 39. vol.
*in-*12.

_____ Suppleniti al detto Giornale, da
Girol Lioni Venetiæ 1722. 2. vol.

_____ Obfervffiaoni Letterarie che posso
fervire di continuatione.

_____ Giornale d'Italia (da Maffei)
Verona 1737. & seq. 6. vol. *in-*12.
Riposta di Franc. Gorri Autore del
useo Etrusco alle dette offervazioni. Fi-

JO. IS.

renze Abbizzini, 1739. Esama della Controversia Litteraria sul Museo Etrusco *in-12.*

Journal Littéraire pour l'année 1705. Soleure 1705. 2. vol. *in-8°.*

Journal de Trévoux (Mémoires pour servir à l'Histoire des Sciences & Beaux-Arts receuillis par l'ordre de M. le Prince souverain de Dombes depuis le mois de Janvier 1701. jusqu'à 1758. inclus. Trévoux 1701. & suiv. 740. Journaux formant environ 240. vol. *in-12.*

—— Id. de Verdun intitulé Journal historique sur les matiéres du temps depuis la paix de Riswick en 1697, jusques à 1758. inclus, fait 110. vol. *in-8°.*

—*Vz.* Verdun.

—— Id. Littéraire depuis le mois de May 1713. jusqu'en 1732. inclus, (par les sieurs Alexandre Van-Essen, S. Gravesande, Marchand, de Sallengre, & Themiseul de saint Hyacinthe.) La Haye 1713. &c. 19. volumes *in-8o.*

Isenghien (Marêchal de France) Paris, Martin, 1756. *in-8°.*

—— Italiana (Notizia de Libri rari nella Lingua Italiana da Nicolai Haym aggiuntovi il Libro della eloquenza Italiana di Giusto Fontanini. Londra, 1726. *in-8°.*

IT. JU. KO.

—— Id. Venezia 1728. *in-8°.*

—— Della medefima nuova editione accrefciuta ; ove fon pofti i prezzi. Venezia , 1736. *in-4°.* —— Id. 1741. *in-4°.*

Italienne (Della eloquenza Italiana da Giufto Fontanini aggiuntovi un Catalogo de Libri Italiani piu excellenti del medefimo. Roma , 1706. *in-4°.*

—— Della medefima nuova editione accrefciuta. Roma , 1736. *in-4°.*

Italique ou Hiftoire Littéraire de l'Italie. Genève , 1728. & fuiv. 18. vol. *in-12.-*

Julien de Prunay , avocat au Parlemeut. Paris, 1736.

Juris Canonici (Bibliotheca) veteris, ftudio Guil. Voelli & Henr. Juftelli. Lut. Par. Billaine, 1662. 2. vol. *in-fol.*

—— *Vz.* Droit.

Juftiniani (Fabiani) Index univerfalis Alphabeticus materias in omni facultate pertractatas earumque Scriptores & locos defignans. Romæ, 1712. *in-fol.*

Juftus Lipfius. *Vz.* Sarraziana.

K O.

KOnigia (Geor. Matth.) Bibliotheca vetus & nova ad annum 1678. Altdorfii , 1678. *in-fol.*

L A.

L Abbé (Phil. Labbei Bitunei) nova Bibliotheca Mss. Librorum five fpecimen antiquarum lectionum Latinarum & Græcarum. Parifiis , 1652. *in-4°*.

La même , 1657. 2. vol. *in-fol.*

—— *Vz.* Bibliotheca Bibliothecarum.

De la Cour Damouville , Ecuyer Avocat en Parlement. Paris , Damonneville 1756.

La Faille (Gilberti de) Bruxellis 1680.

La Fare Maréchal de France. Paris , 1753.

De La haye. —— *Vz.* La Haye.

Lambecii (Petri) Medicea Bibliotheca. Prodomus Hiftoriæ Litterariæ & iter Cellenfe : accedunt Alex. Ficheti arcana ftudiorum methodus; & Guil. Langii Catalogus Mss. Bibliothecæ Mediceæ. Lipfiæ, 1610. *in-fol.*

Lambecius. —— *Vz.* Cæfarea.

* Lambertina (cum pretiis) Lambert Urbis Præfecti. Parifiis, Martin , 1730. cum indice Alphabetico Auctorum *in-8°*.

De Lan Docteur de Sorbonne. Paris, Barrois , 1755.

De Lalande. Paris , 1756. *in-8°*.

Lancelot de l'Académie des Belles-Lettres. Paris , 1733. *in-8°*.

L A. L E.

—— Id. Paris, Martin, 1741. *in-8°*.

Lafleré ancien Confeiller au Parlement, Paris, Merigot. 1756.

—— Latina (Fabricii Bibliotheca Latina. Venetiis, 1728. 2. vol *in-4°*.

Latinii Bibliotheca five obfervationes in Scriptores facros & prophanos. Romæ, 1674. *in-fol.*

Latins (Auteurs) Chriftophori Sandii notæ in Ger. Jo. Voffii Libros tres de Hiftoricis Latinis. Amftelodami, 1677. *in-12.*

Laubriére. —— *Vz* Le Fevre.

Lauriére Jurifconfulti. Parifiis, Le Mercier, 1729.

Le Bas de Courmont. Paris, Morel & Robinot. 1730.

Lechaffier Confeiller au grand Confeil. Paris, Moette 1738.

Legal (le Marquis de) Paris, 1753.

Leiden (Catalogus Bibliothecæ. Lugduno-Batavæ, 1674. *in-4°*.

—— Id. 1716. *in-fol.*

Le Long. —— *Vz* Bibliotheque hiftorique : à France.

Le Roi (Abbatis) Parifiis, Moette, 1738.

Lettres fur quelques Ecrits de ce temps par M. Freron, 1750. à 1758. *in-12.*

LE LI.

Lettres Critiques ou Analyse & réfutation de divers Ecrits modernes contre la Religion, par M. l'Abbé de Gauchat. Paris, Claude Herissant 1758. 10. vol. *in* - 12. cet ouvrage se continue.

Levêque de Gravelle Doyen de la Chambre des Comptes. Paris, Martin. 1740.

Des Libraires sous le nom de M***. Paris, Gaudoin & Piget 1740.

Of the Libraries (Catalogue) London. 1752. *in*-8°.

Librorum novorum (Bibliotheca Ludolphi Kusteri) Traj. ad Rhenum 1697. 5. vol. *in*-8°.

Nova Librorum rariorum collectio. Magdeburg, 1709. 3. vol. *in*-8o.

—— Burcardi Gotthelffi Struvii Bibliotheca Librorum rariorum. Ienæ 1719. *in*-4°

Linguet, Professeur de seconde au Collége de Navarre. Paris, 1733.

Lipinii (Martini) Bibliotheca Realis juridica. Francofurti ad Men. 1679. *in-fol.*

Lipinii (Martini) Bibliotheca, Juridica, Philosophica, Medica. Francof. 1685. 6. vol. *in-fol.*

Leipsic (Acta eruditorum publicata. Lipsiæ. ab anno 1682. ad an. 1732. Lipsiæ 1682. & seq. *in*-4°. 50. vol.

LI.

—— Eorumdem Supplementa. Lipsiæ 1692-1729. 9. vol. *in-4°*.

—— Indices generales Actorum Eruditorum. Lipsiæ, 1693-1723. 4. vol. *in-4°*.

Des Livres nouveaux , Juillet & Août 1726. 2. tom. br.

——Bibliotheca novorum Librorum collecta à L. Neocoro (Ludolpho Kustero) & Henrico Sikio à mense Aprili 1697. ad Decembrem anni 1699. inclusivè. Trajecti ad Rhenum 6. vol. *in-8°*.

Littéraire (Burc. Gotthelffi Struvii introductio in notitiam rei Litterariæ & usum Bibliothecarum. Accedunt dissertatio de doctis impostoribus , necnon supplementa necessaria. Ienæ , 1710. *in-8°*.

—— Histoire Littéraire de la France , par des Religieux Bénédictins de la Congrégation de saint Maur, (Dom Rivet & ses continuateurs Dom Taillandier, Dom Clemencet, Dom Clement & autres. Paris, 1733. & suiv. 10. vol. *in-4°*. le onziéme sous presse.

—— Nouvelles Littéraires depuis le mois de Janvier 1715. jusqu'en Septembre 1719. inclus , par Henri du Sauzet. La Haye, 1715. 11. vol. *in-8°*.

—— Id. depuis Octobre 1738. à 1744. La Haye 1738. & suiv. 19. vol. *in-12*.

LI. LO.

—— Id. Obſervationes ſelectæ ad rem Litterariam ſpectantes (Auctore M. Jac. Thomaſio) Halæ, 1700. & ſuiv. 11. vol. *in-8°.*

— Journal Littéraire depuis le mois de Janvier 1713. juſques en 1732 inclus, &c. — *Vz.* ci-devant Journal.

—— Mêlanges d'Hiſtoire & de Littérature recueillis par Vigneul de Marville (Noel d'Argonne Chartreux) nouv. édit. Paris, 1713. 3. vol. *in-12.*

Mémoires de Littérature (par Albert Henri de Sallengre. La Haye 1715. & 1717. 2. vol. *in-8°.*

—— Continuation des Mémoires de Littérature (par le P. des Molets) Paris, 1726. & ſuiv. 11. vol. *in-12.*

Recueil de piéces d'Hiſtoire & de Littérature, par l'Abbé Granet 1731-1741. 4. tom. *in-12.*

Réflexions ſur les ouvrages de Littérature, par le même, 1736-1740. 12. vol. *in-12.*

Littérature ou Hiſtoire Littéraire de l'Europe depuis Janvier 1726. à Décembre de ladite année par G. de Merville. La Haye, 1726. 3. vol. *in-8°.*

* Longuerue (Louis du Four de) Abbé

LO. LU. M A.

des Septfontaines & de faint Jean du Gard, Paris, Barrois 1735 *in-12.*

De Lorangere. ——*Vz.* Quentin.

—— Catalogue raifonné de divers curiofités du Cabinet de feu M. Quentin de Lorangere. Paris, Barrois 1744 *in-12.*

Lorraine (Bibliotheque de) ou Hiftoire des Hommes illuftres qui ont fleuri en Lorraine dans les trois Evêchés, &c. par D. Calmet, Abbé de Senones. Nancy. 1751. *in-fol.*

Lugduno (Batavæ) Bibliothecæ publicæ Univerfitatis. Lugduni Batavorum. 1674. *in-4º.*

Eadem cum Thefauro librorum Orientalium præcipuè Manufcriptorum Lugduni Batavorum. 1716. *in-fol.*

M A.

MAboul, Maîtres des Requêtes. Paris. David. 1758. *in-8º.* avec le fupplément.

Macé Patroni, Patifiis. Martin. 1725.

Magneux, Avocat au Parlement. Paris. Barrois. 1741.

Le Maigre, (l'Abbé) Chanoine de S. Germain de l'Auxerrois. Paris, Gandouin. 1728.

Maigret. Paris. 1752. *in-8º.*

M A.

Maillart, Avocat au Parlement. Paris, Ofmont, 1743.

Maittaire. (A Catalogue of the large and valvable Librari , &c. 1748. 2 vol. *in-12.*

Mandat , Maître des Requêtes. Paris, David 1755. *in-12.*

Mandofii Bibliotheca Romana , fivè Scriptores Romani. Romæ 1682 *in-4°.*

Manufcriptorum —— *Vz.* Labbe.

Manufcriptorum (Catalogus codicum Manufcriptorum Bibliothecæ Regiæ. Paris. 1739. 2 vol. *in-fol.* —— id. 1744. 2 vol. *in-fol.*

De la Marck, Paris. 1751 *in-*8°.

Mariot , Avocat au Confeil, Paris, Martin. 1751.

Markiana , Hagæ Com. 1712 *in-*8°.

—— Id. Henrici Hadriani Wan-der-Marck fubjicitur feries Numifmatum Cimelii Marckiani, Hag. Com. 1727.

—— Id. Lugduni Batavorum. Calevier. 1731.

Marolles, Catalogue de livres, d'eftampes & de figures en taille-douce, par Michel de Marolles. Paris, Leonard. 1666. *in-*8°.

—— Autre id. par le même. Paris, Langlois. 1672. *in-12.*

MA ME.

S. Martialis Lemovicenſis, Pariſiis. Barbou. 1730.

Martiniana, ou Catalogue des livres de
M. David Martin. la Haye 1752. *in-8°.*

Maſcurat, (Table du) Martin. 1732.

Maſſon de Maiſon-Rouge, Paris. Barrois 1752.

Mathématiques, (Corn. à Beughem,
Bibliographia Mathematica & Artificioſa.
Amſt. 1688. *in-12.*

S. Maur Bern. Pez Bibliotheca Bene-
dicto--Mauriana. Auguſt. Vindel. 1716.
in-8°.

S. Maur, (Bibliotheque hiſtorique &
critique des Auteurs de la Congrégation
de S. Maur, par Dom Philippe le Cerf
de la Vieuville, Religieux Bénédictin de
la même Congrégation) la Haye 1726.
in-12.

Défenſe du livre qui a pour titre Bibliotheque hiſtorique & critique des Auteurs
de la Congrégation de S. Maur, par le
même, Paris. ---- Chaubert. 1727. *in-12.*

Mazade, Fermier Général, Paris. Martin. 1751.

600 Médailles antiques, Burc. Gotthelffi Struvii Bibliotheca numiſmatum anti-
quorum, complectens Autores qui de Nu-
miſmatibus ſcripſerunt ; Familias & Impp.

quorum numifmata aflervantur, nomina
& materias numifmatum,characteres & inf-
criptiones numifmatum, & notas in numif-
maribus occurrentes. Ienæ. 1693. *in* 12.

Médecine, (Bibliotheque en abrégé.)
concernant la vraie Médecine conduite
par la lumiére dédiée à la raifon. Amfterd.
1745. 2 vol. *in* 4°.

Médecine, (Bibliotheque choifie de)
par Planque , Médecin. Paris d'Houry.
1748. 2 vol. *in-*4°.

Medico practica, Jacobi Mangeti. Genevæ. 1685. 4 vol. *in-fol.*

Medicorum (Joannis-Jacobi Mangeti)
Bibliotheca fcriptorum Medicorum. Genevæ. 1731. 4 vol. *in fol.*

Mediolanum, (Philip. Argelati) Bibliotheca Scriptorum Mediolan. feu Elogia
& Acta Scriptorum Mediolan. acced. Jof.
Ant. Saxi Hiftoria litterario – Typogra-
phica ab an. 1465. ad an. 1500. Mediol.
1745. 5 vol. *in-fol.*

Menarfiana, (Jacques Charron de Me-
nars) la Haye. 1720. *in-*4°.

Menckeniana. Lipfiæ. 1727. *in* 8°.

Mercier, ancien Curé de S. Germain
l'Auxerrois.

Mercure François , commençant l'an
1605 , finiffant à l'an 1635 , & continué

M E.

jusqu'en 1644. par Théophraste Renaudot, contenant 40 vol. *in-8°.*

Mercures galants & Mercures de France
depuis le 1. Janvier 1672. au 1. Mai 1758.

1672. à 1610. M. De Visé.

Jean Donneau sieur de Visé, Historio-
graphe du Roi, fut le premier Auteur
du Mercure, dit alors *Mercure Galant,*
il commence du 1 Janvier 1672, mais il
n'y a que six volumes de cette année-là,
jusques à 1677. Le même Auteur a continué
le Mercure depuis ladite année 1677, jusques & compris le mois de Mai 1710 ; il
est mort le 8 Juillet suivant, & a composé
pendant 38 années 483 vol. *in-12.* compris les extraordinaires.

1710. M. Du Fresny.

Charles Riviere du Fresny, Valet de
Chambre du Roi Louis XIV. Controlleur de ses jardins, &c. né en 1648. mort
le 6 Octobre 1724. âgé de 76 ans, a continué le Mercure depuis le mois de Juin
1710. sous le même titre de Mercure Galant jusqu'au mois de Décembre 1713.
qu'il ceda son Privilége au sieur le Fevre.
Il a composé 44. vol.

1714. M. Le Fevre.

Le sieur le Fevre a suivi cet Ouvrage

sous le même titre jusqu'au mois d'Octobre 1716 inclusivement, & a composé
36 vol. il n'y eut point de Mercure
pendant les mois de Novembre & Décembre 1716.

1717. M. Buchet.

Le 1 Janvier 1717 ce Livre a paru sous le
titre de *Nouveau Mercure*, dont le sieur
François Buchet obtint le Privilége par Lettres données à Paris le 19 Janv. 1717. Il a
donné 53 vol. jusques en 1721. qu'il est
mort.

1721. M. De la Roque.

Antoine de la Roque, Ecuyer, ancien
Gendarme de la Garde ordinaire du Roi,
Chevalier de l'Ordre Militaire de S. Louis,
obtint par Brevet du 17 Octobre 1724,
& Lettres-Patentes données en conséquen-
ce le 9 Novembre suivant, la permission
de composer le *Mercure de France*; il l'a-
voit commencé dès le mois de Juin 1721.
ayant traité dans ce tems du Privilége du
Mercure, & il l'a continué jusques à sa
mort arrivée le 3 Octobre 1744 dans la
72 année de son âge; il a composé pendant 23 années, & 4 mois depuis le mois
de Juin 1721 jusques & compris le mois
d'Octobre 1754. sans aucune interruption
331 vol. avec la satisfaction de la Cour &
du Public.   1744.

M E.

1744. MM. Fuzelier & De La Bruere.

Par Brevet du Roi donné au Camp devant Fribourg le 31 Octobre 1744. Sa Majesté a accordé le Privilége du *Mercure de France* aux sieurs Louis Fuzelier & Charles De La Bruere, qui ont donné 81 vol. depuis le mois de Novembre 1744. jusqu'au 1 Juillet 1750.

Depuis le 1 Juillet 1750. M. l'Abbé Raynal a fait seul le *Mercure* jusqu'au 1 Janvier 1755, & a donné 63 vol.

1755. M. De Boiffy.

M. Louis de Boiffy, de l'Académie Françoise obtint alors le Privilége du *Mercure*; & depuis le 1 Janvier 1755 jusques & compris le mois de Juillet 1758, lui & ses enfans ont donné au public 56 vol. Cet Auteur est mort à Paris le 20 Avril 1758 dans la 64 année de son âge, & a été inhumé le 22 du même mois à Saint Benoît.

1758. M. Marmontel.

M. Marmontel, après la mort de M. De Boiffy, a obtenu le Privilége du Mercure de France, & il a donné son premier volume au mois d'Août 1758. qui fait le 1148me vol. depuis l'établissement de cet Ouvrage en 1672. jusqu'en 1758.

I

ME. MI. MO.
Recapitulation.

M^{rs} De Visé.	483 vol. *in-*12.
Du Fresny	44
Le Fevre	36
Buchet.	53
De la Roque	331
Fuzelier & la Bruere	81
L'Abbé Raynal	63
De Boissy	56
Marmontel	1
Total	**1148.**

De Meziere, Avocat, Paris Martin, 1735.

Militaïre, (le Soldat ou le Métier de la Guerre avec un essai de Bibliotheque Militaire) Francfort, 1743. *in-*8°.

Millasier, Secrétaire de M. d'Argenson. Paris, Martin. 1733.

Mirœi Bibliotheca Ecclesiastica. Antu. 1639. *in-fol.*

Moetiens, (Adrianus) Hagæ Comitum Moetiens, 1732.

Montal, Avocat au Parlement. Paris. Rolin. 1738.

Monumenta varia inedita è museo Joachini Frederici Felleri. Ienæ, 1714. 1716. *in-*4°.

Morel , Paris, Bauche. 1754. *in-*8°.

Mortemart , (Cabinet d'Estampes de

MO. MU.

M. le Duc de) Paris, Briaſſon. 1739.

Morville, (Comte de) Paris, Martin. 1732.

Moſcovie, (Arcana Bibliothecæ Moſcuenſis ſacra. Lipſiæ, 1724. *in-8°.*

Mouffle de Champigny. 1754.

Mundi, (Bibliotheca) ſeu Vincentii Burgundi ſpeculum quadruplex, naturale, doctrinale, hiſtoriale. Duaci. 1624. 4 vol. *in-fol.*

NA. NE.

Naples (Bibliotheca Napolitana) è Apparato agli huomini illuſtri in lettere di Napoli è del regno , inſino all. anno 1678. da Nic. Toppi. Napoli 1678. *in fol.*

—— Id. Addizioni copioſe di Lionardo Nicodemo alla Biblioth. Napolitana da Nicolo Toppi. Napoli 1678. *in-fol.* 2 vol.

——La même. Nap. 1683. *in-fol.*

Naudé, (Avis pour former une Bibliotheque, par G.) 2 Edit. Paris. 1644.

—— Gabrielis Naudæi Bibliographia Militaris, ex editione G. Schubarti. Ienæ, 1683. *in-12.*

Des Négocians, par de la Rue. Lyon, 1747. *in-4°.*

Des jeunes Négocians, ou l'Arithmétique à leur uſage, par le même. Paris, 1747. *in-4°.*

Neuville, Secrétaire du Roi & Fermier Général. Paris. Couftelier. 1757. *in-8°.*

Nichault, Avocat au Parlement. Paris. Martin. 1752.

Nicoliana, Amftelodami. 1698. *in·*12.

Niert, Valet de Chambre du Roi. Paris. Martin. 1749.

Noailles, Maréchal de France. Paris. Gandoin & Piget. 1740.

Noiret. (l'Abbé) Paris. Martin. 1747. *in-8°.*

Nolin. Parifiis. 1710.

Le Normand. (Catalogue des Livres de M. l'Abbé) Paris. Bauche, fils. 1753.

Nouvelles de la République des Lettres depuis le mois de Mars 1684 jufqu'au mois d'Avril inclufiv. (par Pierre Bayle & Jean Barin) avec la continuation de Jacques Bernard, depuis le mois de Janvier 1699 jufqu'à Mars 1703. incluf. & une nouvelle reprife du même ouvrage, depuis Janvier 1716 jufques à Décembre 1717 inclufiv. Amfterdam. 1684 & fuiv. 72. vol. *in-*12

Nouvelle Bibliotheque choifie, où l'on fait connoître les bons livres & l'ufage qu'on en doit faire. Amfterdam. 1714. 2 vol. *in-*12.

Nouvelle Bibliotheque, ou Hiftoire littéraire des principaux Ecrits &c. depuis Octob. 1738 jufqu'au mois de Mars 1744: La Haye. 19 vol. *in-*12.

Nouvellifte (le) du Parnaffe, ou Réflexions fur les Ouvrages nouveaux par les fieurs Abbés Desfontaines, & Granet. *in-*12. 3 vol. Paris. 1731. & fuivantes. Le même. Paris. 1734. 2 vol. *in-*12.

Nummaria, (Bibliotheca) par Dom. Anfelme Bandhoury, Bibliothecaire du Grand Duc. Paris. 1718. 2 vol. *in fol.*

OB. OI. OL.

OBfervationes feleĉtæ ad rem litterariam pertinentes. Halæ Magdeburgicæ. 1700 à 1715. 11 vol. *in-*8º.

Obfervations fur les Ecrits modernes, par les fieurs Abbés Guyot des Fontaines & Granet. Paris. 1735.——1743 *in-*12. 33 vol. & quelques feuilles.

——Suite de ces Obfervations, par l'Abbé des Fontaines, fous le titre de Jugemens fur quelques Ouvrages nouveaux. Avignon, Paris. 1744. 11 vol. *in-*12.

Obfervations fur la Littérature moderne, par M. l'Abbé de la Porte. Paris. 1750, 1752. 9 vol. *in-*12.

Oifeliana, Lug. Bat. 1688. *in-*8º.

Oliva, (l'Abbé) Bibliothecaire de S. A. M. le Prince de Soubife. Paris, Mar-

O R.

tin. 1757. *in-8°. Vz.* Bibliothéque de feu M. le Cardinal de Rohan, ci-devant aux Bibliothéques publiques, n° 19.

Orientale (Epitome de la Bibliotheque Orientale & Occidentale) par Antoine de Leon. 1629. *in-4°.*

Orientale, ou Dictionnaire Universel contenant tout ce qui regarde les Peuples de l'Orient, par d'Herbelot. Paris 1697. *in-fol.*

Bibliotheque (Oriental, y Occidental, por Leon Pinello. Madrid. 1737. 3 vol. *in-fol.*

—— Henrici Hottengeri promptuarium five Bibliotheca Orientalis. Hildebergæ, 1658. *in-4°.*

Orientalis Bibliotheca. —— *Vz.* Vaticana.

Orleans, (Defcription fommaire des pierres gravées & des médailles d'or antiques du Cabinet de feu Madame la Ducheffe d'Orleans. Paris. d'Houry. 1727.

—— Id. Catalogue des Livres de feu M. le Chevalier d'Orléans, Grand Prieur de France. Paris. Bauche. 1748.

Orry de Fulvy, Intendant des Finances. Paris. Mufier. 1752.

Orfane, Chanoine & Chantre de Paris. Rolin. 1729.

OU. OX.

Ouvrage des Sçavans, (Hiftoire des) depuis le mois de Septembre 1687 juf- qu'au mois de Décembre 1699. incluſiv. par Henry Baſnage de Bauval. Rotterd. Leers. 1687. &c. 25 vol. *in-*12.

Oxonia illuſtrata ſive Collegiorum, Au- larum, Bibliothecæ Bodleianæ, ſcholarum publicarum Theatri Sheldoniani, & urbis Scenographia. Oxonii. 1675. *in-fol.*——*Vz.* Bodleiana.

P A.

PAgeau, Avocat au Parlement.
Paillet des Brunieres , Avocat au Parlement. Paris. de Bure. 1754.

Pajot de Villers. Paris. Martin. 1740.

Pajot , Comte d'Onſembray. Paris. Martin & Damonneville. 1756. *in-*8°.

Pays-Bas (Franc. Sweertii Athenæ Belgi- cæ ſivè Nomenclator ſcriptorum inferioris Germaniæ. Antuerpiæ. 1628. *in fol.*

Pariſiana (Bibliographia) Lud. Jacob. Pariſiis. 1651. *in-*4°.

Paris , (Introduction à l'Hiſtoire des principales Bibliotheques de Paris) par Daniel Maichel , imprimé à Cambrige en 1721. *in* 8°.——*Vz.* Mercure de Juillet. 1729. pag. 1587.

Pariſot. Paris, Martin. 1756.

Parquet, Chanoine de N. D. ancien Curé de S. Nicolas des Champs. Paris. Martin. 1757. *in-8°*.

Patavina Bibliotheca. Phil. Tomalini. Utini. 1639. *in-4°*.

—— Ejusdem Gymnasium Patavinum. Utini. 1654. *in-4°*.

Patrum (Bibliotheca veterum Patrum per Margarinum de la Bigne.) Paris. 1609. 6 T. 4 vol. *in-fol.*

—— Eadem, Coloniæ. 1618. 15 vol. *in-fol.*

—— Eadem, Auctore Phratto. Paris. 1654. *in-fol.*

—— Ead. concionatoria sanctorum Patrum, edente Petro Pijartio. Paris. 1653. *in-fol.*

—— Eadem, Maxima Patrum, ex edit. Phil. Despont. Lugd. 1677. 27 vol. *in-fol.*

Patrum, Græcè-Latinè. Parisiis. 1624. 2 vol. *in-fol.*

Patrum Apostolicorum Gr. Lat. continens Sanctorum Clementis, Ignatii, Polycarpi Epistolas. Accedit Th. Ittigii dissertatio de Patribus Apostolicis, &c. Lipsiæ. 1699. *in-8°*.

Le Pelletier des Forts. Paris, Barrois. 1741. *in 8°*.

Perrin. (le Chevalier) Paris Damonneville. 1754. *in-8°*.

PE. PH.

Pertin, Secrétaire du Roi. Paris. Guerin & la Tour. 1755. *in-*12.

Peruse, (Auguſ. Oldoini) Athæneum Auguſtum ſeu de ſcriptis Peruſinorum. Peruſiæ. 1678. *in-*4°.

Petaviana & Marſartiana. la Haye. 1722. *in-*8°.

Petis de la Croix, Secrétaire, Interprète du Roi. Paris. Martin. 1756.

Pharmaceutico-Medica, (Mangeti Bibliotheca) Genevæ. 1703. 2 vol. *in-fol.*

Phelippeana. (Phelippeaux) Pariſiis. 1729.

Phelippeaux, Comte de Pontchartrain, & de M. le Comte d'Autry. Paris. 1747. *in-*8°.

Des Philoſophes Chimiques. Par. 1678. 2 vol. *in-*12. La même. Paris 1741. 3 v. *in-*12. La même, nouvelle édit. 4 vol. *in-*12.

Des Philoſophes & des Sçavans tant anciens que modernes, par Gautier. Paris Cailleau. 1723. 2 vol. *in-*8°.

Philoſophique, (Burc. Gotthelffi Bibliotheca philoſophica in ſuas claſſes diſtributa editio III. cum ſupplementis Joan. Henr. Ackeri. Ienæ. 1712. *in-*8°.

Photii Bibliotheca librorum quos legit & cenſuit græcè & latinè interprete An-

drea Schotti cum illius & Davidis Hoef-
chelii notis. Aug. Vindelicorum. (Auf-
bourg) 1650. *in-fol.*

—— Id. Rothomagi. 1653. *in-fol.*

De Phifique & d'Hiftoire naturelle
recueillis des Journaux Etrangers & François , par l'Abbé Lambert , Penfionnaire
du Roi. Paris. Veuve David. 1757. 5. vol.
in-12.

Pirot. Paris. 1717.

Piftorenfis Afr. Ant. Zachariæ defcrip-
ta. Auguftæ Taurinorum. 1652. *in-fol.*

Placcii , (Vincentii) Theatrum Anonymorum & Pfeudonymorum Hamburgi.
1708. 2 vol. *in-fol.*

Plantiniana , (Index librorum qui ex
Typographia Plantiniana prodierunt) Antuerpiæ. 1615.

Des Poëtes Latins & François , (par
Noblot) Paris. 1731. *in*-12.

—— La même. 1751.

Poëtique ou nouveau choix des plus
belles piéces de vers depuis Marot jufques
aux Poëtes de nos jours , avec leurs vies ,
& des remarques fur leurs Ouvrages , par
le Fort de la Moriniere. Paris. Briaffon.
1745. 4 vol. *in*-4°.

Du Poitou , contenant les vies des Sçavans de cette Province depuis le troifiéme

fiécle jufques à préfent , & une notice de
leurs Ouvrages, par Jofeph-François Dreux
du Radier , Avocat au Parlement. Paris.
Ganeau. 1754. 5 vol. *in-*12.

Politique, (Bibliographia hiftorico-po-
litico-philologica curiofa, quid in quovis
fcriptore laudem cenfuramve mereatur
exhibens cum præfixa de ftudio Politico
inftituendo Epiftola. Germanopoli. 1696.
*in-*8°.

Pologne, (Bibliotheca fratrum Polono-
rum, quos Unitarios vocant (Faufti Sofi-
ni) inftructa operibus Socini , Crellii , Sli-
chtingii , Volzogenii , Pricovii & Brenii.
Irenopoli (Amftelodami) 1656. &c. 10. v.
in-fol.

Poloniæ & Pruffiæ Catalogus & Indic-
tum de Scriptoribus. Colon. 1723. *in-*4°.

Pons , (Prince de) Paris , Damonneville, 1756. *in-*8°.

Pont de Carles , ancien Avocat. Paris,
Moette, 1701.

De Pontchartrain , Paris, Prault. 1747.
*in-*8°.

Pontifes Romains, (Lud. Jacob à fanc-
to Carolo Bibliotheca Pontificia, feu de
Rom. Pontificibus qui fcriptis claruerunt
& Auctoribus qui eorum vitas ediderunt
ac etiam de Hæreticis qui adverfus illos

fcripferunt. Lugduni. 1643. *in-*4°. — Id.
Lipfiæ, 1677. *in-*4°.

—— Eadem Romæ, 1698. & ann. fequent. 21 vol. *in-fol.*

Pope Blount, (Thomæ) cenfura celebriorum Authorum, five tractatus in quo virorum doctorum de clariffimis cujufque fæculi fcriptoribus judicia traduntur. Londini, 1690. *in-fol.*

Portugal, Mémoires hiftoriques, politiques & littéraires, concernant le Portugal avec la Biblioteque des Ecrivains & des Hiftoriens de fes Etats, par le Chevalier d'Oliveyra. La Haye, 1743. 2 v. *in-*12.

Poffevini (Antonii) Bibliotheca felecta. Coloniæ, 1607. *in-fol.*

Potier, ancien Avocat au Parlement. Paris, Morel. 1757. *in-*8°.

Potras. Paris, 1726.

Pouilly. Paris, Martin. 1728.

Des Prédicateurs, par le P. Vincent Houdry. Lyon. 1712. & fuiv. 12 vol. *in-*4°.

—— La même, Lyon. 1731 & fuivantes. 22 vol. *in-*12.

Prédicateurs, Petri Blanchot Bibliotheca concionatoria aucta à Mich. de Lanoux. Paris, 1643. *in-*4°.

—— Eadem edita 1. à P. Pet. Blanchot. 2. à Mich. de Lanoux. Tertia editio labore P. Petri Pijarcii. Trecis Oudot. 1654. *in-fol.*

—— Eadem Lud. Bail, Paris, la Caille. 1666. *in-4°.*

Præmonstratensis per Joan. le Paige, Paris. 1632. *in-fol.*

Prescheurs, (Jac. Quetif & Jac. Echard Scriptores ord. Prædicatorum recensiti, notisque historicis & criticis illustrati. Paris. 1719 & 1721. 2 vol. *in-fol.*

Prevost, Avocat au Parlement. Paris, Bauche, 1754.

Privat de Molieres. Paris, Mathey & de Lepine, 1742.

Prohibitorum Librorum. —— *Vʒ.* Index.

Promptuarium predicabile in quo divina incentiva ad usum concionatorum colliguntur, studio Joan. Renardini. Aug. 1618.

Provence, (Istoria degli scrittori fiorentini da Giulio Negri) Ferrara. 1722. *in-fol.*

Prusteliana. Aureliæ. 1721. *in-4°.*

Publiques, (Traité des plus belles Bibliotheques publiques & particulieres qui ont été & qui sont présentement dans le monde, par le P. Louis-Jacob Chalonois, Religieux Carme. Paris, 1644. 2 vol. *in-12.*

QU.

QUentin de Lorangere, (Catalogue raisonné des curiosités du Cabinet de feu M.) par Gersaint. Paris , Barrois, 1744. *in-12.*

Quiquebeuf , Avocat en Parlement. Damonneville. Paris, 1755. *in-8°.*

RA. RE.

RAbbinica Bibliotheca Magna Julii Bartoloccii; accedit Car. Jo. Imbonati Bibliotheca Latino Hebraïca. Romæ 1675. & 1694. 5 vol. *in-fol.*

Racine fils, (feu M.) Paris , Martin, 1755. *in-12.*

Raisonnée (Bibliotheque) des Ouvrages des Sçavans de l'Europe, depuis Juillet 1728. jusques en Juin 1752. Amsterd. 1728. & suiv. 52 vol. *in-12.* y compris la Table.

Rambouillet. — *Vz.* Comte de Toulouse.

Ramonet, ancien Avocat au Parlement. Paris , 1750.

La Religion vengée ou Réfutation des Auteurs impies , dédiée à Monseigneur le Dauphin , par une Société de Gens de Lettres. Paris , Chaubert & Hérissant, 1757 & 1758. 5 vol. *in-12.* Cet Ouvrage se continue.

Revole , (l'Abbé de) Paris , 1751.

RE. RH. RI. RO.

De Reynaud , Capitaine au Régiment de Belsunce. Paris, 1757. *in-8°*.

Rhetorum auctore Francisco Lejay , Societatis Jesu. Parisiis , 1725. 2 vol. *in-4°*.

Riccoboni, dit Lelio. Paris , 1730.

Rieu , (du Président de) Paris, Barrois , 1747. *in-8°*.

Robert , ancien Avocat au Parlement. Paris, Martin, 1734.

Robinot , Secretaire du Roi , Paris, Martin, 1736.

Du Roi , (Livres doubles de la Bibliotheque) Paris, 1733. composée de 18000 volumes.

—— Id. Catalogue imprimé des Livres de la Bibliotheque du Roi. Paris , Imprimerie Royale , 1739. & suiv. 12 vol. *in-fol.*

On pourroit bien dire qu'au moyen de ce Catalogue on pourroit se passer de tous les autres.

—— Catalogus Codicum. Mss. Bibliothecæ regiæ. Parisiis , 1739. & seq. 4 vol. *in-fol.*

—— Id. Catalogue abregé des Recueils de pieces fugitives remis à la Bibliotheque du Roi, en l'année 1725. par M. Morel de Thoisy. *in-4°*.

Romaine , Prosp. Mandosii Bibliotheca

R O.

Romana , feu Scriptorum Romanorum centuriæ. Romæ, 1682 & 1692. 2. vol. *in* 4°.

—— Id. Auguft.Oldoini Athenœum Romanum feu de fcriptis fummorum Pontificum ac fpeudo Pontificum & Cardinalium. Perufiæ, 1676. *in*-4°.

Auteurs Romains, (Martini Hankii) de Romanarum rerum Scriptoribus Libri duo. Lipfiæ, 1688. 2 tom. en 1. v. *in* 4°.

Des Romans , de l'ufage des Romans par M. Gordon de Percel, avec une Bibliotheque des Romans, par l'Abbé Lenglet du Frefnoy , & l'Hiftoire juftifiée entre les Romans. Amft. 1734. 3 vol. *in*-12.

La Roque , Catalogue raifonné du Cabinet de M. le Chevalier de) par Gerfaint, Paris , Barbou & Simon , 1745. *in*-12.

Roftgardiana, in duas partes divifa.Hafniæ. 1726. *in*-12.

De Rothelin , (Abbé) de l'Académie Françoife. Paris, Martin, 1746. *in*-8°.

—— Catalogus Bibliothecæ Abbatis le Roy. Paris, Moette. 1758.

S A.

SAcra & Prophana Latinii , edente Dom. Macro. Romæ. 1677. *in fol.*

Sacra, (Jacobi le Long) fivè Syllabus Mff. codicum , editionum & verfionum

textus

textus facri , cum notis hiftoricis & criticis. Parifiis, 1723. *in-fol.* 2. vol.

Saint Marc, (Divi Marci Bibliotheca Codicum Manufcriptorum per titulos digefta. Venetiis. 1740. *in-fol.*

Saint Martin , Confeiller au Parlement. Paris , Villette. 1735.

Saint Simon , (le Duc de) Paris, David. 1755. *in-8ᵛ.*

Saint Suplix. Parifiis, Robinot. 1731.

Sallengre , Mémoires hiftoriques & critiques , Amfterdam, 1722. 3 vol. *in-8°.*

Salmoniana, (Francifci Salmon) Parifiis , Moette. 1737.

Sanderus , (Ant. Sanderi) Bibliotheca fcriptorum varia de illuftribus Antoniis. Duaci. 1637. *in-4°.*

Santeuil , (Abbé de) Paris , Barrois. 1742.

Sarraziana , Hagæ Comitum de Hondt. 1715. *in-8°.*

—— Id. Catalogue d'une Bibliotheque exquife, Bibliotheca Sarraziana , à laquelle on a ajouté le Cabinet de Manufcrits du fameux Jufte Lipfe. La Haye, Abraham Hondt. 1722.

Sarrafin, Avocat au Parlement. Paris , Damonneville. 1755. *in-12.*

K

SA. SC. SE.

Savalette, (Abbé de) Paris , 1753.
in-1 2.

Saurin , (Jacobi) Ecclefiæ Gallicæ
Paftoris. Hagæ Com. 1731. Hondt.
in-8°.

Schalbruchiana. Parifiis , 1719. 2 vol,
in-1 2.

Schomberg, (Bibliotheca felectiffima ,
feu Catalogus Librorum D. Baronis de
Schomberg.) Amft. Schouten. 1743. 2 vol,
in-8°.

Schwartz , (Joannis Conradi) Liber de
plagio litterario. Lipfiæ. 1706. *in*-8°.

Des Sciences & des Beaux Arts , Ouvrage périodique dont il paroit un volum
tous les trois mois. Paris , Duchefne. 1754ᵉ
& fuivantes. —— 4 vol. *in*-1 2. à 1755.

Scientiarum (Arcana ftudiorum omnium methodus , & Bibliotheca fcientia-
rum librorumque , authore Alexandro Fi-
chet.) Lugduni. 1669. *in*-8°.

Schotti Bibliotheca Hifpaniæ , feu de
Academiis , Bibliothecis & Scriptoribus
Hifpaniæ. Francf. 1608. *in*-4°.

Scott, (Roberti) Catalogus Librorum.
Londini, 1674. *in*-4°.

Sebufiana , (Bibliotheca) five charta-
rum , fundationum, privilegiorum &c. à
fummis Pontificibus conceffarum centu-

riæ. Lugduni. 1660. *in-*4°. Eadem 1666. *in-*4°.

Secouſſe , Avocat au Parlement , de l'Académie des Inſcriptions & Belles Lettres , Paris , Barrois. 1755. *in-*8°.

Seguier , Catalogue des Mſs. de la Bibliotheque du Chancelier Seguier. Pàris , 1686. *in-*12.

Seguin , Préſident des Comtes. Paris , 1737. *in-*12.

Segur , (Préſident de) Gabriel Martin , Paris , 1755. *in-*12.

Selectiſſima. Lugd. Bat. 1729. 3 vol. *in-*8°.

—— Id. Hagæ comitum. 1747. *in-*8°.

Shadvell , Catalogue Anglois des Libraires. 1749.

Sicauld , ancien Avocat. Paris , Martin , 1743.

Sicile , (Antonii Mongitoris) Bibliotheca Sicula ſivè de Scriptoribus Siculis notitiæ. Panormi. 1707 & 1714. 2 t. en 1 vol. *in-fol.*

Sidobre , Medecin du Roi. Paris , Morel. 1749.

Simon , (Bibliotheque critique de) avec des notes de Sanjorre. Baſle , 1709. 2 vol. *in-*12.

Simon , Medecin. Paris , Martin. 1750.

SI. SL. SM. SO. SP. ST. SU.

Sionenfis , Oxon. 1650. *in-*4°.

Sixti Senenfis Bibliotheca fanᦩa. Lugduni. 1575. *in fol.*

—— Eadem. Coloniæ. 1626. *in-*4°.

Slufiana, (Bibliotheca Slufiana) feu Catalogus Librorum Jo. Gualteri Card. Slufii digeftus à Franc. de Seine. Romæ. 1690. *in-*4°.

Smith, Catalogus Librorum rariffimorum ab artis Typographiæ inventoribus ante annum M. D. à Jof. Smith Anglo Venetiis degente. (Venife 1737.)

Smitiana. Lug. Bat. 1682. *in-*4°.

Societatis Jefu, (Syftema Bibliothecæ Collegii Parifienfis) Parif. 1678. *in-*4°.

Sorel. —— *Vz.* Françoife.

Souchay, (l'Abbé) Paris, Mart. 1747.

Spizelii Bibliothecarum illuftrium Arcana reteᦩa, five defignatio Mfs. Theologicorum in præcipuis Europæ Bibliothecis extantium. Aug. Vind. 1668. *in-*8°.

Struvii, (Buccardi Gotthelffii) Introduᦩio in notitiam rei Litterariæ ad ufum Bibliothecarum, &c. Ienæ, 1710. *in-*4°.

Suede, (Aᦩa litteraria Sueciæ ab anno 1720. ad annum 1724. publicata Upfaliæ. Roftochii. 1724. *in-*4°.

TA. TE.

TAblettes Dramatiques , contenant l'abrégé de l'Histoire des Théatres , par le Chevalier de Mouhy. Paris, Jorry. 1752. *in-8°*.

Tallard, (Duc de) Paris, Didot. 1756. *in 8°*.

Talmont , (Prince de) Marchenoir. 1736.

Talon, Président à Mortier. Paris , Barrois. 1744.

Targny, Docteur de Sorbonne. Paris , Gandouin. 1737.

Taffin. Paris, Martin, 1741.

Taurinensis, (Codices Mfs. Bibliothecæ Regii Taurinensis Athenœi cum animadverfionibus Jofephi Pacini Ant. Rivautellæ, & Fr. Berthæ. Taurini 1749. 2 vol. *in-fol*.

Teifferii , (Antonii) Catalogus authorum qui Librorum catalogos, indices, &c. fcriptis confignarunt. Genevæ. 1686. *in-4°*.

Telleriana , (M. le Tellier, Archevêque de Reims) Paris, Imprimerie Royale. 1693. *in-fol*. cum indice authorum alphabetico.

Terry Athlone, Roi d'armes & Généralifte d'Angleterre. Paris, Rondet. 1730.

Des Theatres, contenant le Catalogue alphabétique des Pieces dramatiques, Opera, &c. Paris, 1733. *in-8°*.

—— Idem. Bibliotheque des Theatres, (par le sieur Maupoint) Paris, 1733. *in-8°*.

—— *Vz*. Tablettes Dramatiques.

ΔΟΚΙΜΑΕΤΗΣ , Sivè de librorum circa res Theologicas approbatione, disquisitio historica. Antuerpiæ. 1708 *in-16*.

Theologie, (Rein. Henr. Rollii) Bibliotheca nobilium Theologorum, sivè recensus nobilium qui vel gradum quondam Theologicum, vel munus sacrum consecuti sunt suo merito. Rostochii. 1709. *in-8°*.

Thevenosiana, (Thevenot) Lutetiæ Parisiorum. 1694. *in-12*.

Thuana. Paris, 1629. 2 vol. *in-8°*.

—— Id. Hamburgæ. 1704. *in-8°*.

Torcy, (Marquis de) Ministre & Secrétaire d'Etat. Paris, Barrois. 1755. *in-8°*.

Tosse, (le Chevalier) Paris, 1746.

Tolosane, contenant les Arrêts de Geraud de Maynard, de Samuel, Descorbiac, &c. Paris, 1638. 2 vol. *in-fol*.

Toulouse, (M. le Comte de) Paris, Martin, 1726.

Tours, (Eglise de) Guill. Jouan & Victoris d'Avanne Bibliotheca Mfs. Librorum Ecclefiæ Metropol. Turonenfis, Turonis. 1706. *in-8°.*

Treffan, (Louis de Lavergne de) Archevêque de Rouen. Paris, Mart. 1734.

Tricheti du Frefne, (Raphaelis) Parifiis, 1662. *in-4°.*

Triglandiana. Lug. Bat. 1706. *in 8°.*

Trinitaire, Antitrinitaire (Chriftop. Sandii) Bibliotheca Anti-Trinitariorum, fivè Catalogus Scriptorum qui dogma Trinitatis impugnarunt ; accedunt alia fcripta quæ compendium Hiftoriæ Ecclefiaft. Unitariorum vel Socinianorum exhibent. Freifctadii. 1684. *in-8°.*

* Tugny, (Crozat de) Préfident. Paris, Thibouft. 1751. *in-8°.*

Turgot. Paris, Piget. 1744.

Turgotiana, (Turgot de S. Clair) Epifcopi Sagienfis, (Evêq. de Sées) Parifiis, Martin, 1730. *in-8°.*

V A.

Vaillant, (Catalogus Librorum venalium, apud Paulum Vaillant. London. 1745. *in-8°.*

Valentina, por Rodriguez continuada y aumentada por Ignatio Salalis. Valencia. 1747. *in-fol.*

Valois, de l'Academie des Infcriptions

& Belles-Lettres. Paris, Barrois. 1748.

Vander-Aa, Bibliotheca exquifitiſſima Librorum quos collegit Petrus Vander-Aa, Typographus. Francofurti. 1729. 3 vol. *in-8°.*

Vaſſé, (la Marquiſe de) Paris, Bauche. 1750. *in-8°.*

Le Vaſſeur, de Ribe & d'Orvilliers. Paris, Prault le fils. 1752.

Vaticana, Ragionamenti della libraria Vaticana da Mutio Panſa. Roma. 1590. *in-4°.*

Vaticana, (Joſeph. Sim. Bibliotheca) Orientalis Clementino Vaticana recenſens Mſs. Codices Syriacos, Arabicos, Perſicos, Turcicos, Hebraicos, Samaritanos, &c. ex Oriente juſſu Clementis XI. conquiſitos & Bibliothecæ Vaticanæ addictos cum ſingulorum Authorum vitis. Romæ, Typis Cong. de Prop. Fide. 1719. 1721. 1723. & ſuiv. 4 vol. *in-fol.*

Verdier, (la Bibliotheque d'Antoine du) Seigneur de Vauprivas, contenant auſſi un Catalogue général d'Auteurs qui ont écrit en François avec le ſupplement Latin de Geſner, par le même du Verdier. Lyon. 1585. *in-fol.*

—— Catalogue des Curiofités naturelles du fieur Verdier. Paris, Jorry. 1756. *in-12.*

V E. V I.

Verdun, Journal hiſtorique ſur les matieres du tems depuis la paix de Riſwick,
(en 1697. juſqu'à 1758.) Ce Journal a été
commencé par M. C. J. Après lui M. *de
la Barre*, de l'Académie Royale des Inſcriptions & Belles-Lettres, fut chargé de
cet Ouvrage en 1727, & l'a continué juſqu'à ſa mort qui arriva le 24 Mai 1728.
M. d'*Egly* de la même Académie fut
alors chargé de ce travail. Après ſa mort
le 2 Mai 1749, le ſieur *Bonnamy* de la
même Académie a été propoſé pour la continuation de ce Journal commencé au mois
de Juillet 1704 juſqu'au 1 Juillet 1758,
lequel compoſe avec deux ſuppléments
106 vol. qui font 2 par an de ſix mois en
ſix dans chaque volume, dont on diſtribue
un cahier tous les mois. Il s'imprime chez
Ganeau, Libraire, à Paris, rue S. Severin
aux Armes de Dombes.

Verrue, (Madame la Comteſſe de) Paris, Martin 1737. *in-*8°.

Vffenbachiana, (Conradus ab Vffen-
bach) Francofurti ad Moenum, 1729 —
1731. 4 vol. *in.*8°.

Vilenbroukiana, (Vilenbrock) Amſt.
1729. 3 vol. *in-*8°.

Villemur, Paris, Barrois, 1753.

Vindobonenſis, (Petri Lambecii) com-

VI. UN.

mentatorium de Bibliothecâ Cæfareâ Vindobonenfi Libri VIII. cum figuris, Vindobonæ. 1675. —— 1669. 8 vol. *in-fol.*

—— Danielis de Neffal Catalogus five recenfio fpecialis Codicum Mfs. Græcorum & Orientalium Bibliothecæ Vindobonenfis cum indicibus & additamentis ac figuris. Vindobonæ. 1690. 6 parties, 2 vol. *in - fol.*

—— Jo. Frid. Reimani Bibliotheca Acroamatica comprehendens recenfionem fpecialem omnium codicum Mfs. Bibliothecæ Cæfareæ Vindobonenfis. Hannoveræ. 1712. *in-8°.*

Vintimille, Archevêque de Paris. Martin, 1746. *in-8°.*

Vniverfail, (la Bibliotheque Univerfail) Bibliotheca exotica five Catalogus Officinalis, contenant le Catalogue de tous les livres qui ont été imprimés ce fiécle paffé, depuis l'an 1500 jufqu'à préfent 1610. Francfort, par Pierre Kopf, 1610. *in-4°.*

Univerfalis (Catalogus Librorum Bibliothecæ Univerfalis.) Lugduno Batavæ Leyde. 1716. *in fol.*

Univerfelle, ou Recueil de toutes les belles matieres de Théologie, d'hiftoire, &c. par Paul Boyer. Paris, 1649. 2 v. *in-fol.*

UN. VO. UT.

—— des Historiens contenant leurs vies, par Louis-Ellies Dupin. Paris, 1707. 2 v. *in-8°.*

—— La même, Amsterd. 1708. *in-4°.*

—— La même, & Historique de l'année 1686 à 1693. 3 édit. 1700 & 1702. (par Jean le Clerc) Amsterdam, 1736. 26 vol. *in-12.*

—— Bibliotheque Universelle, contenant les Livres les plus capitaux, & les meilleures éditions qui font à vendre à La Haye. La Haye, Gosse. 1742. *in-8°.*

—— Essais d'une Bibliotheque universelle par ordre Alphabétique, divisée en deux parties, la premiere contiendra les noms des Auteurs, leurs pays, leurs vies, &c. la seconde contiendra les Ouvrages selon les matieres.

—— *Vz.* Journal de Verdun, Février, 1749 p. 80.

Voetii (Gisberti) Londini. 1678. *in-4°.*

Volante, ou élite des piéces fugitives. Amsterdam, 1700. 2 vol. *in-12.*

De Vougny, (Abbé) & Conseiller au Parlement. Paris, Damonneville, 1754.

Voulges, (l'Abbé de) Paris, Martin. 1750. *in-12.*

Utrecht, (Catalogus Bibliothecæ Ultrajectinæ.) Traj. Bat. 1670. *in-fol.*

WA. WE. WI. WO.

WAddingi Scriptores Ord. Minorum. Romæ, 1650. *in·fol.*

Waltherus Indervelde. —— *Vz.* Indervel-diana.

Waffenaar, (Bibliotheca Comitis de) *in-8°.*

Weimar, (Henrici Leonis Schurz Flei-chii) notitia Bibliothecæ principalis Viva-rienfis. Franco-Furti. 1712. *in-4°.*

Wefterloo, Bibliotheca. Bruxelles.1734. *in-12.*

De Wit Dordael Comul. Dordaci Van Braam. 1724. *in-12.*

Wolfii Bibliotheca Hebræa, five noti-tia authorum Hebræorum & Scriptorum Hebraïce exaratorum & confervatorum, Hamburgi. 1715. 2 vol. *in-4°.*

ZA. ZI.

ZAlufciana, (fpecimen Catalogi) codd. Mfs. Bibliothecæ Zalufcianæ à Jo. An-drea Janoski exhibitum. Drefdæ. 1751. *in-8°.*

Zimmermanni, (Matthiæ) Florilegium Philologico-hiftoricum, cum optimis Au-thoribus qui de quâvis materiâ fcripfe-runt, præmittitur diatriba de eruditione eleganti comparandâ. Mifenæ. 1627.1689. 2 vol. *in-4°.*

F I N.

APPROBATION.

J'Ai lû par ordre de Monseigneur le Chancelier un Manuscrit intitulé : *Dissertation
sur les Bibliotheques , avec un Catalogue
Alphabétique des Bibliotheques imprimées* ;
& je n'y ai rien trouvé qui puisse en empê-
cher l'impression. Fait à Paris le 23 Juillet 1757. *Signé* MICHAULT.

PRIVILEGE DU ROI.

Royaume , pendant le temps de trois années
confécutives , à compter du jour de la date des
préfentes. Faifons défenfes à tous Imprimeurs-
Libraires & autres perfonnes , de quelque qualité
& condition qu'elles foient , d'en introduire d'impreffion étrangere dans aucun lieu de notre obéif-
fance ; à la charge que ces préfentes feront enregiftrées tout au-long fur les Regiftres de la Com-
munauté des Imprimeurs & Libraires de Paris
dans trois mois de la date d'icelles ; que l'impreffion dudit Ouvrage fera faite dans notre
Royaume & non ailleurs , en bon papier & beaux
caracteres , conformément à la feuille imprimée
attachée pour modèle fous le contrefcel des préfentes ; que l'Impétrant fe conformera en tout
aux Réglemens de la Librairie , & notamment à
celui du 10 Avril 1725 , qu'avant de l'expofer en
vente le Manufcrit qui aura fervi de copie à
l'impreffion dudit Ouvrage , fera remis dans le
même état où l'Approbation y aura été donnée , ès mains de notre très-cher & féal Chevalier Chancelier de France , le fieur DE LAMOI-
GNON : le tout à peine de nullité des préfentes ,
du contenu defquelles vous mandons & enjoi-
gnons de faire jouir ledit Expofant & fes ayans
caufe pleinement & paifiblement , fans fouffrir
qu'il leur foit fait aucun trouble ou empêche-
ment. Voulons que la copie des préfentes , qui
fera imprimée tout au long au commencement
ou à la fin defdits Ouvrages , foit tenue pour due-
ment fignifiée , & qu'aux copies collationnées par
l'un de nos amés & féaux Confeillers-Secrétaires
foi foit ajoûtée comme à l'original. Commandons
au premier notre Huiffier ou *Sergent* fur ce requis , de faire pour l'exécution d'icelles tous actes
requis & néceffaires fans demander autre permif-
fion , nonobftant clameur de Haro , Charte Nor-

mande, & Lettres à ce contraires : Car tel est
notre plaisir. Donné à Choisy, le douziéme jour du
mois de Mai, l'an de grace mil sept cent cinquan-
te-huit, & de notre règne le quarante-troisiéme.
Parle Roi en son Conseil.

Signé, LE BEGUE.

*Registré sur le Registre XIV. de la Chambre
Royale des Libraires & Imprimeurs de Paris,
nᵒ. 381. fol. 337. conformément au Réglement
de 1723, qui fait défenses art. 4. à toutes personnes, de quelque qualité & condition qu'elles
soient, autres que les Libraires & Imprimeurs, de
vendre, débiter & faire afficher aucuns Livres pour
les vendre, en leurs noms, soit qu'ils s'en disent
les Auteurs ou autrement, & à la charge de fournir
à la susdite Chambre les neuf Exemplaires pres-
crits par l'art. 108. du même Réglement. A Paris
le 22 Avril 1558.*

P. G. LE MERCIER, Syndic.